杨志本 编著

中国古代近代
海军教育资料选辑

ZHONGGUO GUDAI JINDAI

HAIJUN JIAOYU ZILIAO XUANJI

中国文史出版社

图书在版编目（ＣＩＰ）数据

中国古代近代海军教育资料选辑 ／ 杨志本编著. --北京 ： 中国文史出版社，2020.7
ISBN 978-7-5205-2075-1

Ⅰ．①中… Ⅱ．①杨… Ⅲ．①海军－军事教育－教育史－史料－中国－古代-近代 Ⅳ．①E29

中国版本图书馆CIP数据核字(2020)第108070号

责任编辑：全秋生

出版发行：中国文史出版社
地　　址：北京市海淀区西八里庄路69号　　邮编：100142
电　　话：010－81136602　　81136603　　81136606 （发行部）
传　　真：010－81136655
印　　装：北京温林源印刷有限公司
经　　销：全国新华书店
开　　本：787×1092　　1/16
印　　张：15　字数：238 千字
版　　次：2021年 1月北京第1版
印　　次：2021年 1月第1次印刷
定　　价：49.80元

海军大院离刘公岛有多远[①] (代序)

小 光

出生、成长在公主坟的海军大院，从没有去过威海的刘公岛。直到今年的7月，纪念甲午海战120年，我才忽然觉得，作为海军军人的后代，作为曾经的海军战士，作为海军大院里长大的孩子，没有去过曾是北洋水师提督衙门所在地的刘公岛看看，真的是遗憾。

我问老爸：咱的航母，啥时能有？

小时候（六十年代前）过"八一"，跟着老爸去大院里的第一招待所参加八一招待会。大大的会议厅里挂"满旗"[②]，张灯结彩，酒杯、冷菜、甜点，干部战士一水白礼服，军乐队的白手套在亮闪闪的铜管乐器上挥动。小孩子们都屏气凝神，心里充满了自豪

---

① 本文初刊于《北京青年报》2014年甲午120年纪念专版。

② 海军仪式之一，用于重大节日及礼仪。由舰首通过桅杆到舰尾悬挂国旗、海军军旗、通信旗（含顶旗、舰首旗、舰尾旗等）。不得悬挂与各国国旗相似的通信旗和表示战斗、防核、防化学警报及空袭警报的单旗。

感。漂亮的海军军服，洋派的海军礼仪，遥远的蓝色大海，成为我们最初的梦想。

在海军大院的办公大楼黄楼前镌刻的毛主席题词，我们从小就会背："为了反对帝国主义的侵略，我们一定要建立强大的海军"。

很多很多年之后，我还是问老爸："咱的航母，啥时候能有？"

二十世纪五十年代初，从朝鲜战场回国，进入海军直到离休，老爸当了一辈子海军。长山要塞、海军岸防兵部、海军训练部、海军作战部、海军研究室、海军军事学术研究所……

老爸回答关于航母的追问时会说，萧司令（萧劲光）对海军的要求是三个字：空、潜、快。

我理解，就是军费有限的情况下的最佳组合：航空兵+潜水艇+快艇。

我同学许坚（也是海军大院长大的）是海军的水雷专家，所有服役的主战水雷，基本上都有他的心血。为了水雷，他呕心沥血，今年年初病发，死在工作岗位上。美国军事专家认为中国的水雷是世界水下武器中最有实力的，因为中国缺乏远洋作战的能力，不得不大力研发水雷，以御敌于国门之外。

我相信，如果有可能，许坚更愿意去研发航空母舰。

老爸对马汉和他的海权论，心心念念了一辈子

老爸的书架上有好几本关于海权之父马汉的书。知道马汉，知道他的海权论也是听老爸说的。"海权，即凭借海洋或者通过海洋能够使一个民族成为伟大民族的一切东西"。马汉的海权论洋洋洒洒三大本，核心就是这句话。

甲午战争之时的日本联合舰队，一定是怀有"通过海洋成为霸主"的野心的。而大清朝的北洋水师，一定是打算看家护院、御敌于国门之外的。制海权的易手，也就一点也不意外了。

1986年，老爸在他的一篇研究甲午战败的论文中明确提出，中方之败是败在国家战略：没有海权观念。

前一阵，有个记者采访他，请他谈谈甲午海战的研究历史。他跟人家谈了两个小时，最后十五分钟，他跟记者说：咱换个话题，谈谈海权吧。搬出他的一张张研究小卡片，开始滔滔不绝。也不管人家记者有没有兴趣。

老爸对马汉和他的海权论，心心念念了一辈子。总算在2013年他91岁的时候，看到了中国人的第一艘航母下水、训练。

跟记者聊天的时候，他还说："我猜，起码得再建造四艘航母才够。"

老爸念书的时候，两个姑姑都没裤子穿

我们家祖上和海军没一点关系，老爸能研究海军史，还是因为他从小念过书。

爷爷是农民，奶奶是小脚，重男轻女。老爸念书的时候，两个妹妹冬天只能在家猫着不出门，因为没有裤子穿。而他的棉裤因为全是用破布缝的，太厚太硬，迈不过门槛，只能爬过去。全家人只有爸爸上了学，认了字。他念了书有了见识，跑去参加部队，扔下一家老小。

在部队上他有文化，好像一直是做参谋之类的职务。

二十世纪七十年代末，拨乱反正，海军要搞条例。老爸他们部门领了任务。搞条例就得了解海军战例，于是，北洋水师就进入了他们的研究范围。海军条例搞完，副产品《清末海军史料》《民国海军史料》也就成了中国海军史研究的最早专著。

老爸写书的时候，老妈整天围着他帮忙，用半透明的纸拓画海战舰船示意图。因为要拓画的图太多了，从新疆来北京过暑假的

表妹都上阵了。家里的床上、桌子上、柜子上、墙上，到处都是图纸。

老爸的书，我现在才明白价值所在

老爸的《清末海军史料》出版后，他送我一本。说实话，真没好好看。都是清代史料，一百多年前的事，老打败仗，又不好玩，又没故事，还没啥闪光的思想。后来老爸的《民国海军史料》，我压根没翻过。我觉得，搞一堆史料，有劲么？

后来读黄仁宇的《万历十五年》时，我还想，这样的历史学家才够意思，有穿透力。

当我读着老爸1986年写的甲午海战的论文时，当老爸拿着他做的一张张小卡片和记者谈论海权问题时，我才知道，我有多么浅薄——没有他们的史料整理，后人研究甲午海战，难免要一一去翻腾清宫档案，从高高的架子上搬下一袋子一袋子的封存，在那些散发着农药味道的资料里爬梳、翻检，一点一点地淘金。不然，你怎么能够知道日本联合舰队的吨位、速度、火力、装甲比大清朝的北洋水师厉害呢还是窝囊呢？你怎么能够猜想水师提督丁汝昌为什么把北洋水师的剩余舰船死死按在刘公岛军港里等着挨打？老爸说，丁军门出身淮军，他是个优秀的陆军将领，而不是一个职业的海军将领，守住阵地，这根本就是陆军思维。

老爸他们这批研究海军史的老人，注定做不了学术明星，是一群开荒的"农民"。

海军大院到刘公岛不过一千多公里，120年前的海军和现在的海军，相距有多远？

刘公岛，我一定会去的。

目　录

附录：中国近代海军概况

引言 中国古代海军

东晋时期的双体船

中国是世界古代海军发祥地之一。中国古代海军具有悠久的历史，在大约3000年的历史中，它经历了萌发与形成时期、兴盛时期和衰落时期。在中国历代，海军的称谓有所不同：先秦时期，一般称为舟师；西汉称为楼船军、船军，东汉、三国时期称为水军；晋、隋以后称为舟师或水军；至清代中期以前，又称为水师。19世纪60年代以后始称海军。

中国古代海军其建制隶属君主，属于国家武装力量的组成部分，主要在海上或水面作战的军种。在战争中，由君主派遣将领统率，或由君主亲自统率。

中国古代海军装备有桨战船、帆桨战船、帆战船，士卒使用长柄钩矛、斧、戈、戟、弓、弩、矢、标弹等冷兵器，战船还装备有拍竿；14世纪以后并装备有火器（爆炸器火器、燃烧性火器、前膛枪、炮等）。指挥通信工具有金、鼓、旗帜、喇叭等。

中国古代海军萌发、形成时期，是在春秋、战国时期（前770～前221）。在古代，随着作为水上生产工具的舟楫之发展以及军事斗争领域扩展到水域，即出现使用舟楫于水上作战的行动。据《史记·齐太公世家》记载，周武王（姬发）率兵消灭商纣王的牧野之战（前1044，一说前1057），姬发率兵车300乘（每乘战车1辆，挽马4匹，卒25～30人），虎贲（猛士）3000人，甲士4.5万人，会师于孟津（亦作盟津，今河南旧孟津），战前誓师，其誓辞以"苍兕苍兕！总尔众庶，与尔舟楫，后至者斩"开始。"苍兕"一词，就是主管舟楫者的官职名称。周军这装载有300乘战车5.6万余人的庞大舟楫部队，横渡河水（今黄河），从而保证周军得以在六天之内（十二月二十八日至翌年正月初四日拂晓——甲子昧爽）向河水以北跃进数百里，投入牧野决战，一举灭纣。古籍记录这一成功的战例充分证明，那时周军的舟楫部队已具有相当大的规模与组织指挥水上作战行动相当可观的能力。这一史实，客观地反映了中国古代海军——舟师已经在华夏大地上萌发。

战国青铜器上的水陆战纹

至春秋战国时期（前770～前221），中国古代海军——舟师已经成军。滨海沿江的大诸侯国吴、楚、越、齐等均有一支较强的舟师。舟师装备有已具有型制的桨战船："大翼"、"中翼"、"小翼"、"桥船"、"突冒"、楼船等[①] 战船已有定型编制，如"大

———————————
① 《武经总要·前集·水战》（《中国兵书集成》3，第482页）。

翼"战船，每艘编制有战卒26人，棹手50人，舳舻3人，长钩矛手、长斧手各4人，吏、仆、射、长各1人，共91人。装备长钩矛、长斧各4柄，弩32，矢3300，甲、兜鍪各32件。[①] 吴楚、吴越舟师曾进行过多次水战，吴齐舟师还在东海海域进行过海战。作战时，已制定有邀击、伏击等战法。

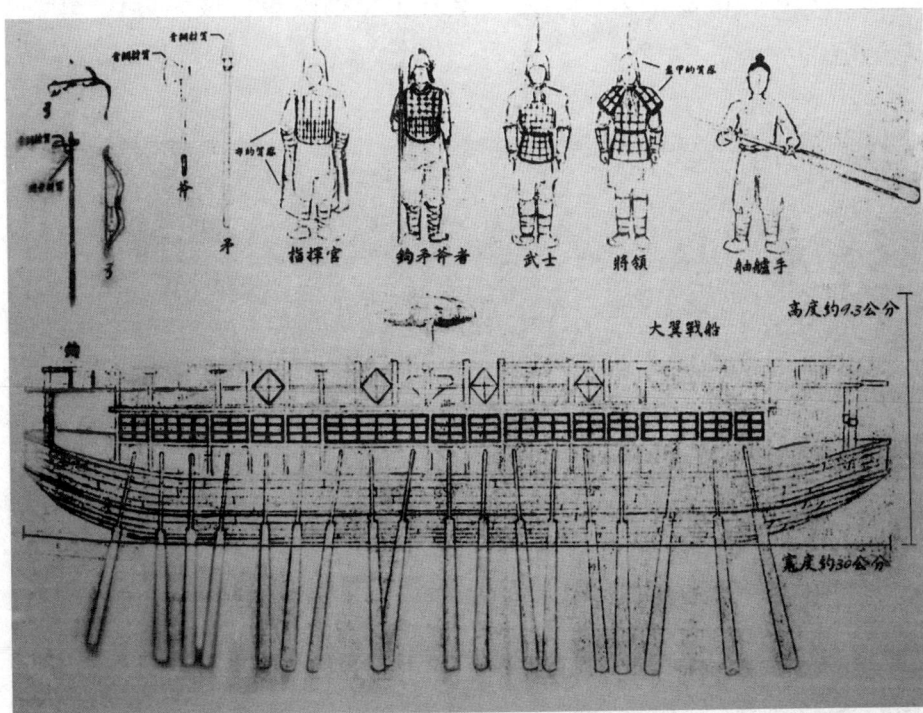

春秋大翼战船上士兵岗位和职责

中国古代海军——舟师的兴盛时期，从西汉一直延续到明代中期。中国舟师在古代世界的东方，在漫长的历史过程中，是一支雄踞海上的武装力量，它曾多次征战海上，创下了平定南越、攻略闽越、援助朝鲜抗击日军侵略、抗击倭寇等战绩，涌现出一批经略

---

① 见《中国军事史》卷三《军制》，第65页注25。

海防、统率指挥海军训练与作战的将帅。留传下大宗关于海军建设与作战的典籍，成为中国古代海洋文明与海军军事科学宝库中的璀璨瑰宝。这一历史过程中，中国古代海军在武器装备、编制体制、军事教育等方面均有很大发展。出现作为主力战舰的大型楼船，如"五牙"舰等战舰，唐代李皋承前启后建造成车船（亦称车轮船、轮桨船），使战舰的人工动力装置发生空前变革，成为近代蒸汽明轮战舰的先河。

春秋大翼战船模型（摄于中国航海博物馆）

晋代舟师战船上出现"桔槔"和"长岐杕（chéng）"战具，晋元帝（317～321）时，梁州（治今陕西汉中市，辖四川东部、陕西西南部、贵州东北部地区）刺史周访率军征讨杜弢军时，杜弢所部舟师战船装备有用以近战时棰击敌船的"桔槔"，"仿作

‘长岐枨’以拒之，桔槔石得为害”（《晋书·周访传》）。以这种“桔槔”战具为契机。至隋代初期，杨素奉命在永安（今四川巴东）建造的大型楼船——“五牙”舰，上层建筑起楼5层，高100余尺（约合25米），并制成“拍竿”装于“五牙”舰上，每舰装6座“拍竿”，用以近战时，用“拍竿”悬空的垂锤捶击敌舰，将其击毁。打击威力是相当大的。

秦代徐福的船

这一历史过程后期的明代水师所装备的战船及其兵器（冷兵器与火器），具有代表性的是“福船”、“海沧”船和大“苍山”

船（即"艨艟"船）。爱国名将、军事家、戚继光所著《纪效新书·治水兵篇》中记载，"福船"（底尖上阔，船首仰起，装犁形冲角，船尾高耸，上层建筑起楼3层）每艘的人员编制为：捕盗（船长）1名、舵工2名、缭手（驶帆）2名、板招（控制船行方向）1名、上斗（瞭望、投镖）1名、碇手（管锚碇）2名；战斗士卒分编为5甲，每甲甲长1名，士卒10名，共55名。全船官兵共64名。战斗士卒的第1甲，操纵大"佛朗机"炮，近战时，向敌船投掷火药桶、火砖、毒烟罐等；第2甲装备鸟铳；第3、4甲配备标枪，并负责管船、摇橹等杂艺，近战时以刀、枪、药石作战；第5甲配备火药箭、弓、弩。在日常军事教育中，要求战时"不拘何人用何器，但能奋勇当锋，用火药火器成功，用刀枪战杀有功，各为首者，俱以破格奇功论"。装备武器为：火器有大发炮（前腔炮）1门、大"佛朗机"炮6座、碗口铳3个、喷（火）筒60个、鸟嘴铳10把、（毒）烟罐100个、弩箭500枝、药弩10张、粗火药400个鸟铳火药100个、弩药1瓶、大小铅弹300个、火（药）箭300枝、火砖100块、火炮（爆炸雷）20个，冷兵器有砍刀10把、过船钉枪20根、标枪100枝、宁波弓3张、铁（镞）箭300株，防护装具有藤牌20面。

"海沧"船（稍小形"福船"）每艘的人员编制为：捕盗1名、舵工2名、缭手1名、碇手2名、板招1名，战斗士卒分编为4甲，每甲甲长1名，士卒10名，共44名，全船官兵共52名。战斗士卒的第1甲操纵大"佛朗机"炮，近战时间向敌船投掷火炮（爆炸雷）、火砖，施放喷火、毒烟等；第2、3甲配备标枪，并负责管船、摇橹等杂艺；第4甲配备火（药）箭、弓、弩。装备武器为：火器有大"佛朗机"炮4座、碗口铳3个、鸟嘴铳6把、喷（火）筒50个、（毒）烟罐80个、火炮（爆炸雷）10个、火砖50块、火

（药）箭200枝、粗火药200斤、鸟铳火药60斤、药弩6张、弩箭100枝、弩药1瓶、大小铅弹200斤，冷兵器有钩镰6把、砍刀6把、过船钉枪10根、标枪80枝、宁波弓两张、铁（镞）箭200枝，防护装具有滕牌12面。

汉代楼船1

大"苍山"船（艟艐，小于"海沧"船）每艘人员编制为：捕盗1名、舵工1名、碇手1名、缭手1名，战斗士卒分编为3甲，每甲甲长1名，士卒10名，共33名，全船官兵37名。战斗士卒等1甲操纵"佛朗机"炮，近战时，向敌船投掷火炮（爆炸雷），施放毒烟等；第2甲配备标枪，专备攻战，并负责管船、摇橹等杂艺；第3甲配备火（药）箭、弓、弩，专备攻战。装备武器为：火器有大

"佛朗机"炮2座、碗口铳3个、鸟嘴铳4把、喷（火）筒40个、（毒）烟罐60个、火砖50块、火（药）箭100枝、粗火药150斤、鸟铳火药40斤、药弩4张、弩箭100枝、弩药1瓶、大小铅弹160斤，冷兵器有砍刀4把、过船钉枪8根、标枪40枝。"福船"、"海沧"船、大"苍山"船装备火器与冷兵器合计为1983：770，即火器已达到冷兵器的2.5倍，火器已占主要地位。

汉代楼船2

戚家军水师舰队编成，每"福船"2艘、"海沧船"1艘、大"苍山"船（艨艟）2艘，编为1哨，左、右2哨编为1营，哨设哨长1人指挥，营设领兵官1员指挥；松门关编成有右营、后营共2个营，设指挥1名统领，海门关编有前营、左营共2个营，设指挥1名统领；中军1个营，由将帅直接指挥。

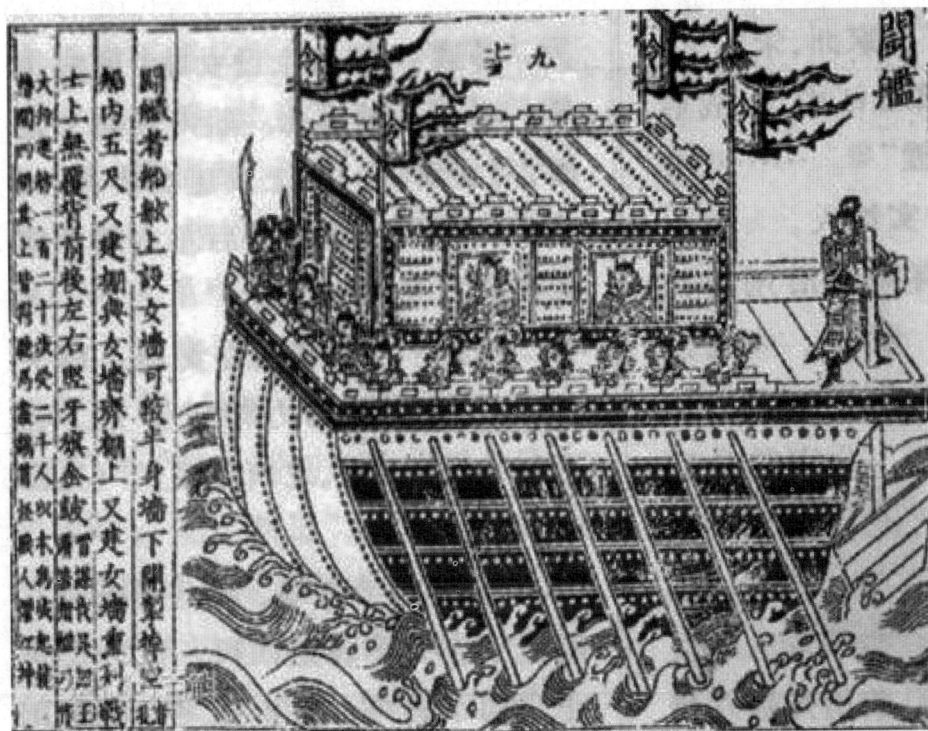

斗舰

中国古代海军的发展，进入明代后期以后，迄19世纪中叶，前后约三个世纪的时间，陷于衰败时期。这种由盛转衰的现象，它是由中国封建社会制度日趋落后、日趋衰亡所造成的。在中国古代四大发明中的火药与指南针传入西方以后，西方将它们予以优化利用在舰船建造上，产生了坚船利炮能够驶入远洋的舰队。当西方殖民主主义、帝国主义坚船利炮的舰队多次侵犯中国海疆、中国领土时，此时的中国古代海军，却依然处在木壳风帆战船、冷兵器与古老火器（前膛枪、炮）并用的旧阶段，无力与敌方进行海上抗衡，陷入被动挨打的悲惨境地，虽然有广大爱国官兵的英勇抗战与流血牺牲，最终总难以避免或挽救丧军失地的失败命运。其间，虽然有从19世纪60年代中期开始的蒸汽舰队海军的建设，但是，由于受到封建社会政治、军事制度的严重制约，国势积弱难返，终于还是连遭失败。中国海权丧失，海防洞开，在此后的一个多世纪中，中国被迫沦为半封建半殖民地。这一沉痛的历史教训是中国人民永远不会忘记的。中国共产党领导中国人民进行新民主主义革命，终于推翻帝国主义、封建主义和官僚资本主义的反动统治，于1949年10月1日建立中华人民共和国。在新中国成立前夕，即1949年4月，在中国人民解放军乘胜前进的凯歌中，中国人民解放军海军诞生了。中国人民解放军海军是第一支中国人民自己的海军，是中国人民解放军的一个新军种。人民海军从此逐步走上革命化、现代化、正规化建设的道路。这是中国海军历史上的伟大转变与振兴。

中国古代近代海军教育史，涵盖古代、近代海军教育的演变与发展的历史过程。

中国古代近代海军教育史，属于中国军事教育史，它遵循中国军事教育的一般规律、法则。

中国古代近代海军发展史，通过概述与研究中国古代海军（舟师、楼船军、水军、水师）、中国近代海军（晚清海军、中华民国海军）教育发展的历史过程，探讨、总结中国古代近代海军的历史经验，史论结合，以史为鉴，鉴古知今，古为今用，借以提供指导中国海军建设实践与理论的途径。

沙船（中国古代用于海上运输和执行作战任务的木质平底
帆船。沙船在唐代于崇明岛开始建造，宋代称为防沙平底
船，元代称为平底船，明中期始称沙船。）

连环舟，明代舟师装备的以爆炸、
燃烧火器接触攻击敌船的两段式战船。

中国古代近代海军教育包括海军院校教育（指挥院校教育、专业技术院校教育）、海军院校留学生教育、部队军事训练。

中国古代近代海军教育的指导思想、方针、原则、理论与基本制度等方面，对于海军具有一般适用性与指导性；尤其是在古代，中国军事教育的教育机构、基本教育内容与方法，对于海军教育都具有共同性。而海军教育由于海军固有的武器装备、编制体制活动领域作战方式方法等方面的特殊性，必然在一般性、共同性之外具有自己的特殊性。海军教育的这种特殊性，对于军事教育又是一种补充与丰富。

尤其是近代海军教育与世界其他国家海军教育已经发生了有益联系。这种联系的途径有派遣海军留学生、接受或传播海军教育内容与方法，派遣访问舰队、交流海军教育经验，交流教育文献资料。在国际海上战争中，通过作战实践、实战观摩等方式，交流海军教育经验。

清朝时期水师武器1（摄于中国航海博物馆）

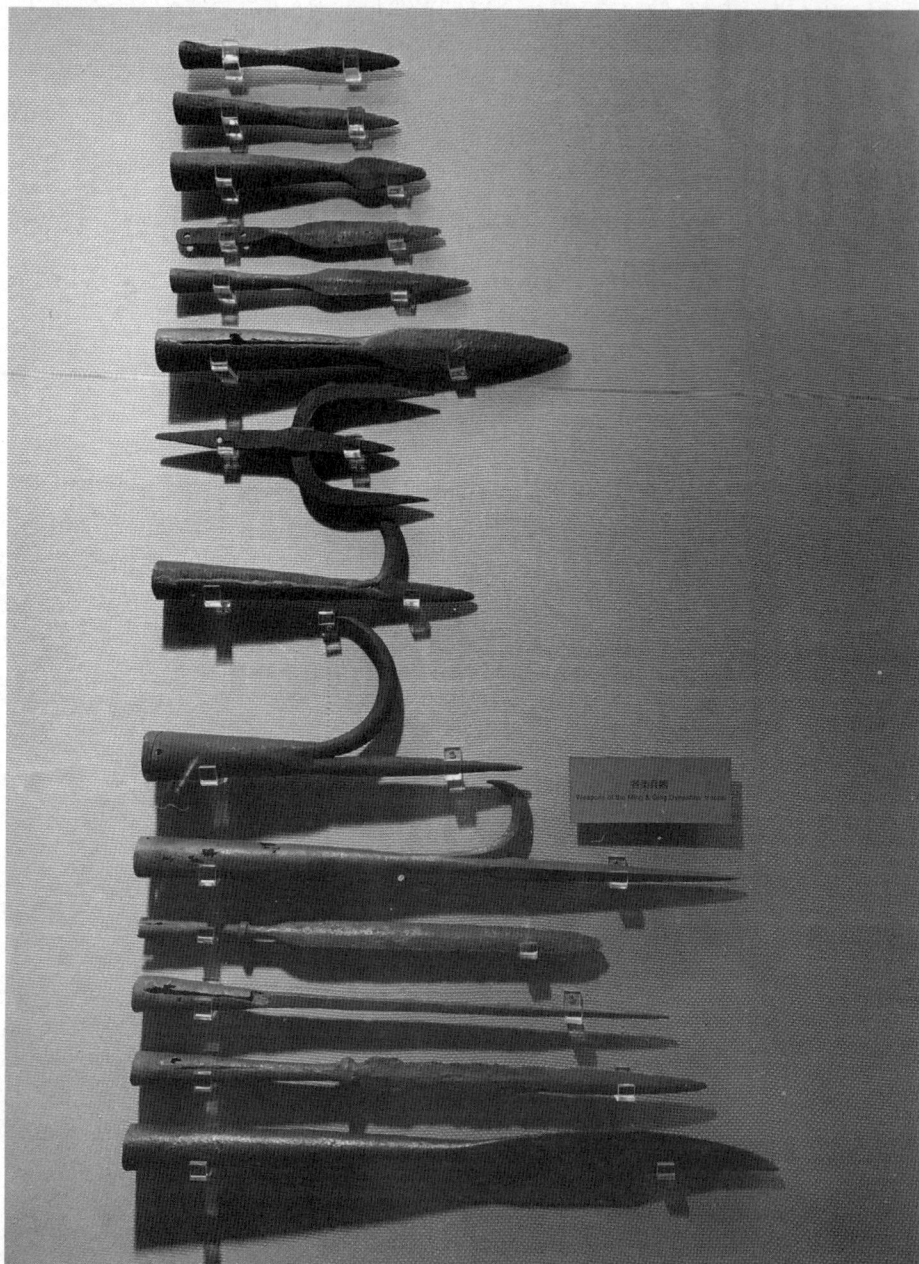

清朝时期水师武器2（摄于中国航海博物馆）

中国自古以来就强调教育，首要的是军事教育。将教育包括军事教育作为"治国平天下"的一宗大事来对待。管仲有一段意义深刻、概括精辟的话，堪称是这一传统的代表结论。《管子·为兵之数》："为兵之数，存乎聚财而财无敌，存乎论工而工无敌。存乎制器而器无敌，存乎选士而士无敌，存乎政教而政教无敌，存乎服习而服习无敌，存乎遍知天下而遍知天下无敌，存乎明于机数而明于机数无敌。"①治军的法则是，首先在于积聚国家财富，使国家财富无敌；其次是在于发展国家工业，使国家工业实力无敌；再次是在于制造武器装备，使武器装备无敌；还在于精选官兵，使官兵无敌；在于进行政治教育，使政治教育无敌；在于进行军事教育训练，使军事教育训练无敌；在于使将帅、全军官兵普遍知道天下大事和形势，使他们的"知天下"的知识无敌；最后在于明了"机数"——形势、任务、战略格局变化等，使他们胸怀大志而无敌。"故兵未出境，而无敌者八。是以欲正天下，财不盖天下，不能正天下；财盖天下，而工不盖天下，不能正天下；工盖天下，而器不盖天下，不能正天下；器盖天下，而士不盖天下，不能正天下；士盖天下，而教不盖天下，不能正天下；教盖天下，而习不盖天下，不能正天下；习盖天下，而不遍知天下，不能正天下；遍知天下，而不明于机数，不能正天下。故明于机数者，用兵之势也。"具备上述的"财""工""器""士""政""习""知""机"等八个方面，军队作战，尚未出境，就具有了无敌于天下的八个条件，这就是，国家财富盖天下，国家工业盖天下，武器装备盖天下，将帅、官兵、全军盖天下，政治教育盖天下，军事教育训练盖天下，

---

① 《管子》卷二，第4~5页。浙江人民出版社，1987年3月版。

"知天下"的知识盖天下，明于机数、胸怀大志盖天下，就能无敌于天下，而使天下和平、安宁。可见军事教育包括海军教育确实是关系国家兴衰、天下治乱大局的大事，千万不可忽视。

中国古代近代海军教育史的阶段划分：古代阶段（先秦时期至清代晚期1866年）；近代阶段（清代晚期至1949年）。本书将按照这两个阶段分别就中国古代近代海军教育的发展过程进行概述与研究。

第一辑 中国古代海军教育

（先秦至晚清1866年，中国舟师、楼船军、水军、水师教育）

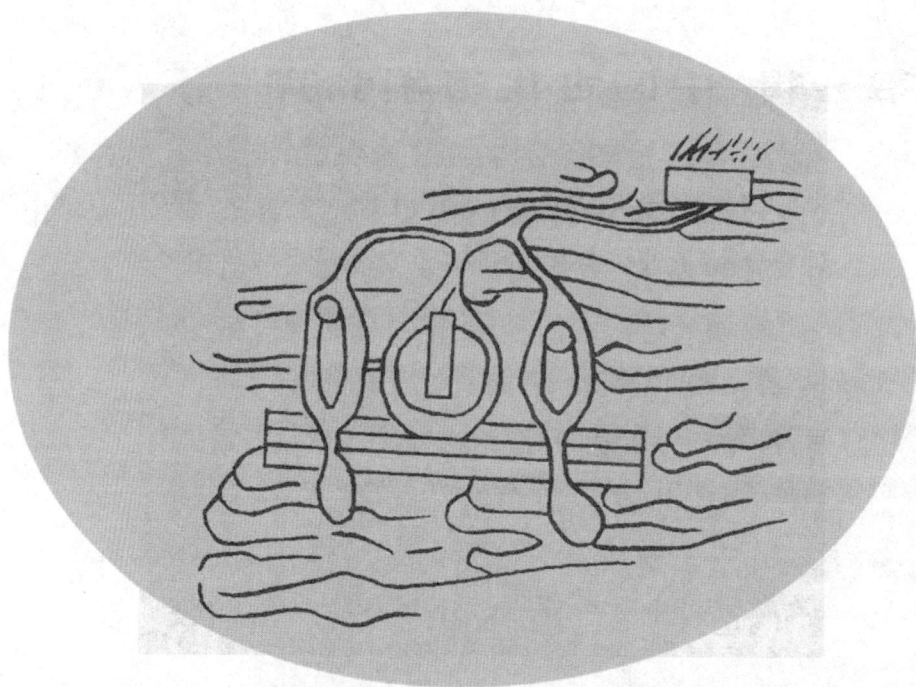

《火龙经》中的水底龙王炮

第一章　中国古代海军教育内容

　　中国古代海军隶属于国君、皇帝，未曾设立全国统一的领率机构，在战时，国君、皇帝指派统率将领指挥其作战行动。装备有桨战船、帆桨战船、风帆战船；主要使用冷兵器。14世纪以后装备有部分古老火器。实行统一的兵役制度。先秦时期实行耕战合一制度，民平时为农，战时为士卒。西汉时，"民年二十三为正（卒），一岁为卫士，一岁为材官骑士，习射御骑驰战阵。……水家为楼船，亦习战射行船。……材官、楼船五十六老衰，乃得免为民就田。"[①] 这就是说，西汉时，已建立起正规兵役制度。这一制度规定：步兵（材官）、骑兵（骑士）、水兵（楼船，即楼船士）的服兵役军令，统一为23～56岁。水兵除练习射、战以外，还必须练习撑船、行船。

　　先秦时期，一般教育与军事教育相结合，以军事教育为主，即实行文教、武教相结合，以武教为主的教育体制；中国军事教育包括舟师教育，而舟师教育又以军事教育为基本内容，适当突出舟

---

① 　《后汉书·百官表》注引《百官仪》。

师的特殊教育内容。着重于对人的教育，着重于作战实践教育。
《尉缭子》说："黄帝者，人事而已矣。……天官时日不若人事
也。"① 所以教育的关键在于练将、练工、教战。"用兵之法，
教戒为先。"

练将。练将是"教戒为先"的"先"中之先，因为将是军队的
中枢。《孙子·计篇》："将者智、信、仁、勇、严也。"这是作
为军队将领应具备的基本素质，因而也是练将的准则。选将、练将
是关乎治军作战的第一个重大问题。中国自古以来就有精到的论
述，这些论述，被完整地记录在许多古代典籍中。

最早在殷商末期、周王朝建立之前，《六韬》的"六守"一节
中，记载太公（望）与周文王（姬昌）问对中称："人君有六守三
宝：一曰仁，二曰义，三曰忠，四曰信，五曰勇，六曰谋，是谓六
守。……大农、大工、大商，谓之三宝。……六守长则君昌，三宝
完则国安。"② 这是国君治国安邦的要则，更是将帅统军治军教
军的要则。《六韬》"论将"一节中，还记载太公（吕望）与周武
王（姬发）问对中称："将有五材，……所谓五材者勇、智、仁、
信、忠也。勇则不可犯，智则不可乱，仁则爱人，信则不欺，忠则
无二心。"③

从上述记载中，可以看到，中国早在公元前12世纪对于选将、
论将、练将的主要原则已经奠基。

---

① 《中国兵书集成》卷一，第365页。

② 《中国兵书集成》卷一，第425～426页。

③ 《中国兵书集成》卷一，第447～448页。

一、将之五德、九材

中国古代的军事家、军事理论家孙武在其传世之作《孙子》一书论述。《孙子·谋攻篇》说："将者，国之辅也。辅国则国必强，辅隙则国必弱。"《孙子·计篇》说："将者智、信、仁、勇、严也。"为将者，要作"辅国"之将，不作"辅隙"之将，就必须具备智、信、仁、勇、严。孙子的这些论断同《龙韬·论将》中所说将帅的"五材"，是一脉相通的。《吴子·论将》中说，善于知己知彼（"气""事""地""力"四机），"其威、德、仁、勇必足以率下，安众怖敌、决疑施令而下不犯，所在寇不敢敌，得之国则强，去之国则亡，是谓良将。"古人这些论述，阐明了军队将帅应具备的基本素质，这是选将、练将的基本内容和基本准则。明代赵本学在《孙子校解引类》一书中，对将的基本素质称为将之"五德"，并做了较好解释。所谓将之智就是"达人之情，见事之微，诈不能欺，谗不能入，应变无常，转祸为福（即转败为胜）"；所谓将之信就是"进有重赏，退有重罚，赏不私亲，罚不避贵"；所谓将之仁就是"知人饥渴，同人劳苦，问病戚容，抚伤出涕"；所谓将之勇就是"见机则发，遇故则斗，陷阵必入，被围必出，虽危不惧，虽败不挫"；所谓将之严就是"军政整齐，号令如一，三军畏将而不畏敌，奉令而不奉诏，可望而不可近，可杀而不可败"。教育培养将领，使他们具备这五德，成为文韬武略、大智大勇、身先士卒、爱护士卒、有信有威，能统率军队战必胜、攻必克的将领。将之五德，无论对车兵、步卒、骑士、水兵将领都是适用的。

孙武对将领五德的高度概括，是他认真总结统率军队建设、军队教育训练与作战的经验而得出的普遍真理。中国古籍，如《吴子》《孙膑兵法》《尉缭子》《六韬》等古籍，在论及将德的章节中均贯彻《孙子》的论述，并各有进一步阐释。

《吴子·论将》中说："将之所慎者五：一曰理；二曰备；三曰果；四曰戒；五曰约。理者，治众如治寡；备者，出门如见敌；果者，将敌不怀生；戒者，虽克如始战；约者，法令苟而不烦。受命而不辞，敌破而后言反，……师出之日，有死之荣，无生之辱。"① 《孙膑兵法·将义》中强调将帅要具备义、仁、德、信、智；并将"义"比喻为"兵（即军）之首"；将"仁"比喻为"兵之腹"；将"德"比喻为"兵之手"；将"信"比喻为"兵之足"；将"智"比喻为"兵之尾"。②

《孙膑兵法·将德》还强调爱士卒如爱"赤子"，如爱"狡童"。③

练将使其具备"五德"，实践"五德"，将在军中就能够有"严"、有"威"，士卒在战争中就能够乐从将命而不惧死，军队就能够决战决胜。

中国古代思想家、教育家孔丘将智、仁、勇作为教育尤其是军

① 《中国兵书集成》卷一，第51、52页。

② 《中国兵书集成》卷一，第319~320页。

③ 《中国兵书集成》卷一，第319~320页。

事教育的基本原则和方针。楚人申包胥在与越王勾践讨论战争时，说到国君与将帅的智、仁、勇素养与战争的关系时说："夫战，智为始，仁次之；勇次之。不智则不知民之极，无铨度其众寡；不仁则不能与三军共饥劳之殃；不勇则不能断疑以发大计。"①

《诸葛忠武侯文集》卷四"将苑"中载："将有九材：道之以德，齐之以礼，而知其饥寒，察其劳苦，此之谓仁将。事无苟免，不为利挠，有死之荣，无生之辱，此之谓义将。贵而不骄，胜而不恃，贤而能下，刚而能忍，此之谓礼将。奇变莫测，动应多端，转祸为福，临危制胜，此之谓智将。进有厚赏，退有严刑，赏不逾时，刑不择贵，此之谓信将，足轻戎马，气盖千夫，善固疆场，长于剑戟，此之谓步将。登高履险，驰射如飞，进则先行，退则后殿，此之谓骑将。气凌三军，志轻强虏，怯于小战，勇于大敌，此之谓猛将。见贤若不及，从谏如顺流，宽而能刚，勇而多计，此之谓大将。"② 国家有九种将材：对士卒以德行教导他们，以军队礼节、礼仪统一他们的行动，能体察士卒的饥寒劳苦，这就是仁将。处事料情，不存任何侥幸心理，为国为民，勇不惧死，虽死犹荣；绝不贪生怕死，认为贪生怕死，是一种耻辱，这就是义将。职位贵在人上，却从不骄傲，作战常得胜利，却从不将胜利作为可仗恃的资本，能够礼贤下士，刚忍相济，这就是礼将。出奇制胜，使人不能预测其奇，因敌因地因情而行动变化多端，使人不能适应其变的规律，能转危为安、转败为胜，这就是智将。对部属在作战中奋勇进击者，予以优厚奖赏，畏死退缩者，予以严刑惩罚，奖赏刑罚不避贵，这就是信将。行动比戎马还快捷，英气冠盖全军，善于

① 《历代名将言行录》卷一，第12~13页。

② 《中国兵书集成》卷二（《诸葛忠武侯文集》卷四），第144~145页。

征战疆场，长于枪刀剑戟等多种武艺，这就是步兵将领。登高履险，驰马射箭如飞，进攻时则先行，撤退时则殿后。这就是骑兵将领。勇气盖于三军，意志坚定而睥视强大的敌军；指挥小战时，把小敌、弱敌视为强敌、大敌去打，而决不轻敌，指挥大战时，对于强敌、大敌，也要勇敢作战，而决不惧敌，这就是猛将。见贤思齐，从谏如流，宽宏大量而刚毅，勇敢而多智谋，这就是大将。

　　诸葛亮这位统帅将领的军师，在一生运筹帷幄的戎马生涯中总结出来的这九种"将材"，是他精心而科学地概括出来的良将九种德才标准。因而也是他将将、练将、用将的九条标准，是诸葛先生对中国"军事学、军事指挥学、军事教育学"的一大贡献。

　　诸葛武侯还在"将苑"中申明将的志向，实际上也是他个人在明志："兵者凶器，将者危任。是以器刚则缺，任重则危。故善将者，不恃强，不怙势，宠之而不喜，辱之而不惧，见利不贪，见美不淫，以身殉国，一意而已。"[①]

　　作为良将，应当清醒地认识到，"兵"是一种"凶器"，"将"是一种"危任"。不仗恃自己兵势强大而轻举妄动，受到尊崇也不要沾沾自喜，受到屈辱也不要畏缩恐惧，不贪私利，不羡美色，只是一心一意地以身报国。这正是诸葛亮"鞠躬尽瘁，死而后已"的生动写照。诸葛先生可谓将的楷模，将将者的楷模。

　　中国古代强调国君、将帅要具备智、仁、勇素质，这一素质是大智大勇大仁，它与猾巧之智、匹夫之勇、妇人之仁有根本区别。这一素质，必须通过长期学习、锻炼、实践才能养成。

---

① 《中国兵书集成》卷二，第147页。

二、将要率身励士

练将，还要求将帅必须率身励士，身为表率，身先士卒。《尉缭子·攻权》强调将帅"必本乎率身以励士"，"善将者爱与威而已矣"，"不爱说（悦）其心者，不我用也，不威严其心者，不我举也。爱在下顺，威在上立。爱故不二，威故不犯"。总之，"天时不如地利，地利不如人和。①

率身励士这是中国自古以来形成的练将的传统要则，也是将帅治军教战的行为标准。"将帅者，必与士卒同滋味而共安危。"②《六韬·龙韬·立将·励军》中记载，太公（望）在回答周武王（姬发）关于"立将之道"时说：将军"勿以身贵而贱人，勿以独见而违众，勿以辩说为必然，士未坐勿坐，士未食勿食，寒暑必同"。"将与士卒共寒暑、劳苦、饥饱。故三军之众，闻鼓声则喜，闻金声则怒，高城深池，矢石繁下，士争先登，白刃始合，士争先赴"。③将帅必须时刻身为表率，体恤士卒劳苦与安危，才能更好地治军作战。平时，将帅要率身励士；战时，将帅要身先士

---

① 《中国兵书集成》卷一，第374、376、378页。

② 《三略》上卷，见《中国兵书集成》卷九，第4页。

③ 《中国兵书集成》卷一，第451～452、454页。

卒。将帅的模范行为，将帅的榜样，就是无声的号令，就是最有效的号令。这一传统，以至在军中形成一种谶言："军井未达，将不言渴；军幕未办，将不言倦；军灶未炊，将不言饥；冬不服裘，夏不操扇，雨不张盖，是为将礼。与之安，与之危，故其众可合而不可离，可用而不可疲，以其恩素蓄、谋素合也。"[①]《三略》上卷甚至举出一个生动的带兵事例，以教诲后人："昔者良将之用兵，有馈箪醪者，使投诸河，与士卒同流而饮。夫一箪之醪，不能味一河之水，而三军之士思为致死者，以滋味之及己也。"[②]说的是古时一位良将正领兵行动，有人送来一小箪浊酒，这位将军自己不去享用这箪浊酒，而是使人将这一小箪浊酒倾倒在河水中，然后与全体下属士众一起饮用这条河里的水，以飨全军。这么一小箪浊酒，不可能使一河之水都能有酒的滋味；但三军士卒看到将军不独自享用这点馈赠，而是与他们同滋味的行为，深受感动，因而想到一定要在行动中，不顾个人安危生死去执行将帅的命令。例如：司马穰苴在率军作战中，"士卒次舍井灶、饮食、问疾医药，身自拊循（按，亦作抚循，即抚慰）之；悉收将军之资粮享士卒，身与士卒平分粮食，取其最羸（弱）者，三日而勒兵，病者皆求行，争奋出为之赴战。"[③]古代名将吴起（《吴子》作者）"与士卒最下者，同衣食。卧不设席，行不骑乘（骑马、坐车），亲裹赢粮，与士卒为劳苦；卒有病疽者，起为吮之"。由于吴起以大仁率军。"能使士卒乐死，敌国不敢谋之。故在魏而秦惧，在楚而楚强。"[④]汉飞将军李广带兵遇困乏环境，"见水，士卒不尽饮，广不近水；士卒

① 《三略》上卷，见《中国兵书集成》卷二，第4～5页。
② 《三略》上卷，见《中国兵书集成》卷二，第4页。
③ 《历史名将言行录》卷一，第16页"司马穰苴"。
④ 《历史名将言行录》卷一，第19～20页"吴起"。

不尽食，广不食；宽缓不苛，士以此爱乐为用。"①

良将，并非天生的，是经过选将、练将，并且经过长期在军旅、战争实践中历练而成的。良将是国家的栋材，军队的中枢。良将带兵，能够以身作则去统卒、教育所属校、尉，使之成为优良官、佐；能够教练士卒，使之成为优良战士，使军队成为能征善战的劲旅。

国君对于良将应当委以重任，给予独断专行之权。《六韬·龙韬·立将》中记载，太公（望）与周武王（姬发）问对中称："国不可外治，军不可以中御；二心不可以事君，疑志不可以应敌"，"军中之事不闻君命，皆由将出。临敌决战无有二心。若此则无天于上，无地于下，无敌于前，无君于后。是故智者为之谋，勇者为之斗，气厉青云，疾若驰骛，兵不接刃，而敌降服。"② 所以，国家需要有明君，才能统御良将，良将才能发挥其才干而率军致胜。"军中之事不闻君命，皆由将出"，这就是"将在军，君命有所不受"③ 的由来。"皆由将出"，是说在国家确定战争方略并授予良将使命后，在战场上领兵作战，具体作战行动的运筹、指挥皆由将出，而国君不应直接干涉，以免贻误军事。这在古代军事指挥、通信、侦察手段极为简陋的情况下，为保障及时捕捉战争、临机决断、避免贻误战机等，是十分必要的。

明代抗倭名将、天下无敌戚家军的创建者与统帅——戚继光，堪称率身励士的楷模。嘉靖三十九年（1560），戚继光在一份呈文中申明他的志向说："操练鼓舞，身先教习，凡可以充实行伍、激

---

① 《历史名将言行录》卷一，第74页，"李广"。

② 《六韬·龙韬·立将》，《中国兵书集成》卷一，第452页。

③ 《历代名将言行录》卷一，第16页"司马穰苴"。

发士气者，悉听职（按：戚继光自称）随机转环，不必拘定常格，多方以振饬之。……如此而二年之外，使沿海官军不能堂堂一战者，皆职误国罔上之罪也。如蒙允谕之后，定知谤书盈箧，积毁销金。然世荩臣子，分在马革裹尸，成败利钝，岂足暇顾！"①戚继光这一段情真意切、大义凛然的明志誓言，是说他在率领军队、士卒操练技术战术动作和演习战阵搏杀中，总是自己亲身先行教练、学习，而后身为表率领导军队、士卒操练，以及在其他方面，凡是能够有益于加强军队战斗力建设，激励军队士气以利于战则胜、攻则克的举措，请求上级都能够准于随机便宜施行，不必拘泥于尊卑、贵贱、礼仪的常格。如此领导、教育军队，历时两年以后，如果使沿海的军队不能与敌进行堂堂之战而取胜的话，那就是我戚继光误国罔上之大罪。以上如蒙允准施行，必定会招来满箱满箱诽谤的书文，这些谤言足可使真金销毁。然而，我戚继光世袭武职的臣子，战死疆场，马革裹尸而还，那都是分内的事，至于个人的利害成败，哪有工夫去管它！这就是一份军令状，一份宣言书。同时，也是戚继光戎马40年的写照，"戚家军"所以百战不殆的根源。

戚继光所著《练兵实纪》一书中专写"练将"一章，突出"求新""求实"的军事思想。戚继光一贯主张"练兵在先练将"。隆庆四年（1570），戚继光在蓟州镇（今河北迁西县西北）帅府止止堂招集所属蓟州镇副总兵以下将领亲自讲授将德、将略、将艺，要求将领要效忠国家，服从指挥，与主帅同心同德，与士卒同甘共苦，全军上下齐心协力、同舟共济，完成保卫国家安全的使命。戚继光认为一个称职的将领必须具备应有的将德、将才、将识和将艺。所谓将德，是指将领需要具备的政治素质，即忠于国家、献身

---

① 《纪效新书》第410页，军事科学院图书馆藏。

军旅事业、廉明公正、爱惜士卒、严以律己、宽以待人等德行；所谓将才，是指将领需要具备的军事韬略素质，即熟知兵法、胸怀韬略、多谋善断、果敢坚毅、治军严格、指挥能力高人一筹等良将之才；所谓将识，是指将领需要具备远见卓识与胆略，即善于知己知彼，知天文，知地理，明辨虚实、优劣、强弱、正奇、真伪，善于判断，不为表相迷惑等良将之见识；所谓将艺，是指将领需要具备的军事指挥艺术和统率士卒所必须具备的军事技术和战斗技能，即临危不惧、指挥若定、武艺娴熟、坚韧不拔等良将之领兵作战艺术。这四者之中，将德又是首要的。

戚继光的战舰

戚继光所著《纪效新书》以"或问篇"为首卷。该卷是他以问答方式阐明他长期统率军队转战南北、教育训练的实践理论，以针对解决切中时弊与切中要害的军事问题。所以，他在"或问篇"开篇之前申明"束伍既有成法，必信于众，则令可申。苟一字之种疑，则百法之是废，故历述所急与可辨者，为'或问'以明之。必其信于众，而后教练可施"。戚继光是一位终身实践的军事家，他的兵法，都是实实在在的兵法。所谓"一字之种疑，则百法之是废"，真是切肤的经验概括成的至理名言。他一贯反对军事教练中的"虚"法、"花"法，主张"实"法、"真"法。这个"虚"与"实"、"花"与"真"就是一字之差别，一字之正谬，可是它却是失之毫厘、差之千里的关系要害处。"或问篇"在回答"主将者，万人之敌也，而一技一艺似不必习"的问题时，戚继光首先痛斥这种言论，然后说："夫主将固以司旗鼓调度为职，然不身履前行，则贼垒之势不可得，众人之气不肯坚。前行之士，得以欺哄避难，而逆诳莫可辨，斯赏罚不能明，不可行也。"作为军队的主将（包括主官，下同），固然是以职掌旗帜金鼓、指挥调度为己任，然而他们也必须身先士卒；如果他们不能身先士卒，在战阵中，前锋的士卒将会因为主将在后不了解前方情况而谎报军情，以哄骗达到回避困难的目的。那么，主将对此种以谎言抗令的行为，就会无从辨别，从而使赏罚不明，军令难以贯彻执行，作战难以奏功，甚至还会失败，是万万不能实行的。但是，主将"如欲当前，则身无精艺，己胆不充"。而且主将"如欲教阅，必须左右教师以定高下，便致教师得以低昂其间为索诈之计，士心不平，学技即不真，而花法无益之艺，得以入乎其间"。由于主将"身无精艺"，教练、检阅军队的时候，必须依靠身边的"教师"们来评定士卒与军队技艺的优劣，这样遂导致"教师"们徇私评定士卒与军队技术水平的高低优劣，以教练、简阅作为他们欺诈索取之计。士卒因而心抱不平，学习技艺即不求真求实用，从而使"花法""虚套"等无益于实战的"技艺"得以乘机而进入士卒与军队中间，终致军事教育偏废，后果是不堪设想的。所以主将必须身怀精艺，才能教练好士卒与军队，才能避免对实战有害无益的"花法""虚套"。而且，还须更进一步地认识到："况为将之道，所谓身先士卒者，非独临阵身先，件件若处要当身先；所谓同滋味者，非独患难时同滋味，平处时亦要同滋味。而况技术，岂可独使士卒该习，主将不屑习乎？！"作为主将，作战时要身先士卒，事事当先，患难时与士卒同滋味，平顺时，与士卒同滋味。哪里有教练武艺只是士卒的本分，而主将自己却不屑于去学习的道理？！所以，主将必须身怀精艺，亲自教练士卒与军掌握精艺，艺高人胆壮，胆壮则气盛，在战场上就会压倒敌方、战胜敌方。这就是"戚家军"威名震天下的要领。

戚继光又说："分门习技者士卒，随其形便、错而用之者，主将也。"军队的士卒在训练中，是区分为不同的专业门数学习各自职掌的技艺；在作战时，如何根据战斗实际情况，科学地组织指挥各门类士卒密切协同配合去进行战斗，那就是主将的事了。关于这一点，对于水军士卒来说，就尤为重要了。比如战船的火器，在何种情况下，由哪些士卒使用哪种火器打击敌船；远战时，使用哪些士卒使用哪些兵器去战斗；近战时，由哪些士卒使用哪些兵器或战具去战斗，这些决策都是由主将（或主官）来临机决定的。但是，主将如果"身无精艺"，对技艺"不习而知之"，不能"辨别某器可某用，某形用某器以当前后"而去率军作战，无异于"以其卒予敌也"，那就会葬送军队与士卒。所以，"平时器技，必须主将件件服习，以兼诸卒之长。既习则能辨，又须件件亲诣，亲手看试过，方可付士卒。勿谓我有捷法，百件之中抽其一二试之。此是三军性命所系，国家地方安危所关，设有一件欠精，临事一人先失，大众被累。"在平时，对于本军所装备的兵器及其技术，主将必须一件一件地学熟学精，使自身兼有各士卒之长技。既然主将对于所有兵器技术娴熟，就能够辨兵器的优劣。主将对于本军装备之兵器，必须件件亲自检查试用，合格者才交给士卒使用。要件件验视，不能只是抽查。因为只有一件欠精良，也会临敌受损，危及军队。必须认识到兵器乃是关系三军性命、关系国家与地方安危的大事，"战争乃是杀人的勾当"，千万马虎不得！

戚继光，明代抗倭名将，军事家。字元敬，号南塘、孟诸。嘉靖七年（1528）生于山东济宁州（今济宁市）鲁桥镇。将门出身，自幼博览兵书，练习武艺，有报效国家志向。嘉靖二十四年（1545），袭世职为登州卫（今山东蓬莱）指挥佥事（指挥的幕僚）。嘉靖二十七年至三十二年（1548～1553），奉命率军戍蓟门。嘉靖三十二年，授都指佥事，统领登州、文登、即墨三个营24个卫所军队，教练水军，抗击侵袭山东沿海地区的倭寇。嘉靖三十五年（1556），升参将，率军守卫宁波、绍兴、台州（治今浙江临海）三府。后改任台州、金华、严州（治今浙江建德以东）三府参将。嘉靖三十七年（1558），往义乌招募农民、矿工4000（一说3000人）编练新的队伍，嘉靖四十年（1561）、嘉靖四十二年（1563）又两次向义乌募兵1.3万余人，编练成为战斗力很强的军队，世称"戚家军"。嘉靖三十五年至四十年间，连战皆捷，歼灭倭寇数千人。其中的"台州大捷"就歼灭倭寇4000余人。侵袭浙江沿海地区的倭寇基本被肃清。晋升都指挥使。以嘉靖四十一年（1562）起，挥军南下，进入福建抗倭，初战告捷，乘退潮之际，率军涉滩一举攻占建德东三都澳横屿岛，歼倭寇2600余人，摧毁倭寇盘踞的巢穴。此后，又连续攻占牛田（福清东南）、莆田、林墩

（莆田南）三大倭巢，班师回浙江。升任都督佥事、副总兵。嘉靖四十二年（1563）福建倭患又起。戚继光又率军与福建总兵俞大猷、广东总兵刘显协同攻克平海卫，歼灭倭寇2200余人。升福建总兵，兼守浙江温州、金华两府。嘉靖四十四年，与俞大猷军（号称"俞家军"）一起，攻歼撤逃到南澳岛勾结倭寇的海盗吴平部6200余人。至此，侵袭中国沿海的倭寇被彻底肃清。"戚家军"在戚继光指挥下，在浙、闽、粤东地区转战十余年，荡平倭寇，解救人民，保卫海防，为中华民族伸张正义，其功绩永垂青史。

明隆庆元年（1567），戚继光奉命调赴京师，以都督周知、神机营副将总理蓟州镇（治今河北迁西西北三屯营，辖区为渔阳、三河、玉田等）军务，训练部队，部署防务，以保卫京师。旋升总兵。隆庆三年（1569），升右都督兼总理永平、山海关军务。首次倡议建立专门武学，以教育军官。万历十一年（1583），调广东。万历十三年（1585），遭构陷罢官回籍。万历十五年十二月（1588年1月）病逝。

戚继光戎马一生，精熟兵法，尤精于水军水战，在抗倭作战中创造出新阵法——攻防兼宜的"鸳鸯阵"。史称其用兵"飙发电举，屡摧大寇"，不愧为一代爱国名将。撰有《纪效新书》《练兵实纪》《止止堂集》等名著传世。

三、练将要则

　　关于练将的要则，戚继光在所撰《练兵实纪·练将卷》中阐述得较为全面系统，而且通俗易懂，实实在在，他在这里所指的"将"是泛指中级以上的领兵官，他把练将归纳为二十六条，即二十六个方面。这就是："正心术""立志向""明死生""辨利害""做好人""坚操守""宽度量"，去"声色害"，去"货利害"，去"刚愎害"，去"胜人害"，去"逢迎害"，去"萎靡害"，去"功名害"，"尚谦德""情官箴""勤职业""辨效法""习兵法""习武艺""正名分""爱士卒""教士卒""明恩威""严节制""明保障"。

正心术

　　又称为"练心气"。"将有本，心术是也。……夫为将者，上副君父之恩，中契僚寀（cǎi，泛指官）之交，下服三军之众，岂奉承、阿谀、财帛惠赍而能尽之乎？！惟有正此心术，光明正大，以实心行实事，纯忠纯孝，思思念念在于忠君、敬友、爱军、恶敌、强兵、任难上做去。……此为将之根本，建功立业、光前裕后的一道通天符契也。"将的根本是"心术"，也就是思想、品德，

"正心术"，就是端正思想、品德，为人表率。作为将领，他上头受国君与父母之恩惠，中间协合同僚之交谊，下边统领三军之众，这些关系要处理得好，并不是阿谀奉承、财货贿赂所能达到的。唯有端正思想、品德，光明磊落地做人，实心实意地做实事，尽忠尽孝，一思一念、一心一意地在忠于国君、尊敬僚友、热爱军队、痛恨敌人、增强军力、任险任难上去实干，并干出战绩，这才是为将的根本所在，这才是统率军队建功立业、光前裕后的光明正道。

"立志向"

"心之用则为志向。……为将恨无志。志定，……自然取信于上下，大利于施为。为国家贤臣良将，戡难立功，垂名竹帛，皆此志一定条理作出，……为将者凡于古之忠臣义士，今之名将，及夫人一切为国为民英雄豪杰所为事业，……便奋立志气，凡于艰苦、利害、死生、患难都丢在一边，务要学个相似。"端正思想、品德，一心向着忠君报国、强军任难的目标奋斗，这就是"志向"。志向坚定，自然能够获得上下的信任，有利于施展作为，就能够克服艰难险阻，建功立业，名垂青史。作为良将，还要立志向那些自古以来的忠臣、义士、名将、为国为民的英雄豪杰奋力学习，一定要学成像他们那样做出一番轰轰烈烈的事业。

"明死生"

"凡血气之类，莫不爱生畏死，但死生有数，不专在水火兵戈之中。""武臣不惜死。""为将者不必计生死，但要做得个忠臣义士。"辨明生与死的道理，正确对待死生问题，"勘破"死生这一关。有生就有死，生死转化是不可改变的自然规律。但生死转化，又并非是一定存在于"兵戈"之中，并非是当兵打仗就一定是必死无疑。但是一个军人，一个将领，行军作战，就需将生死置之度外，更不能在危险关头贪生怕死。古人云："武臣不惜死"，为将就要"不惜死"，在任何艰难困苦、险境绝境，坚忍不拔，浴血奋战，将个人安危生死置于度外，率领军队，施计运谋，战胜敌人。在需要死时，勇于去死，做一个忠臣义士，决不当怕死鬼。

"辨利害"

"为吾将者，只当以礼义为利害，一观理之是非，毋计人之毁誉。""不可舍己以徇人，亦不可恃己以欺人。""不可非理以取容，亦不可失礼以凌侮欺压。""人将我害，义不可免者，此身可辱，此志不可辱；此命可死，此气节不可死。"这里所说的"利害"，是针对当时的"通弊"而针砭上下之间、人际之间相处的关系"利害"。在这种"通弊"的社会意识下，也不要见"利"而忘"义"，趋"利"而避"害"。否则，就会以"眼前虚套""奉承阿谀"，趋炎附势，"哄过一时"而得"利"，但是"理、欲不并举，实事、虚声不同道，平日习弄虚套，将军务废堕"，实为一大害。所以，应坚持遵守礼义为利，违犯礼义为害，一律用理去判断是非，不需计较个人得失。不可以有损于自己的身份名誉去附和某些人，也不可仗恃自己的地位权力欺压其他人。不可违反理法去取悦于某些人，也不可丧失礼义而凌驾屈辱鞭打其他人。果真如此做了，有人将加害于我时，凡属"义不可免者"，我这个人身可害可辱，但我的志向不可害不可辱；我的生命可为此而致死，但我的气节不可折不会死的。这些都表明一个良将应具备光明磊落、大义凛然的气概。

"做好人"

"凡为将者，须学做好人。""好官易做，好人难做"。在遇到"或立功而不蒙酬录，或行好而人不见知，或有守而人诬以贪，或用心职务而暂被斥逐，或向上而不达"的情况时，也不要"怨天尤人，遂放肆改节"，仍要坚守节操，继续实实在在地做好人。

"坚操守"

坚持廉洁奉公的"操守"。"不贪取军财，不克剥粮赏""不科敛剥削"、不羡慕"肥马轻裘"，不"侵落官银"。同时，不要"恃廉傲物，专伺人之短，犯上凌下，罔思顾及"。因为自己有廉洁之名，恃名傲物，抗上欺下，毫不顾及后果，也是要不得的。

"宽度量"

将"为三军之主，驭数千万血气之夫，非度量宽容，岂能使之各得其所、各无怨尤？！"但是，"将道贵严，国是当守；上司虽尊，事有必争，不争则不利于下；僚寀虽亲，法必当执，不执则被挠于中。若一概以宽容含忍处之，所谓萎靡，所谓疲软。此人即为一人之长、一家之长，亦且不堪，况驭三军而将将乎？！"将为三军之主，统率数千、数万之有血气的官兵。如果将不能宽宏大量以对人，宽宏大量以处事，怎么能够做到使全军将士各得其所、各任职守，而没有怨尤？！但是，还必须辩证地认识到：将领率军之道贵在一个"严"字，要严止不阿；国家的法度、政令，必当遵守，而不能含糊。对"上司"固然应当尊重，但是遇其有举措不当的事情，必须予以谏争，否则是不利于国、不利于军的。对于同僚，固然应当相亲相敬，但是国法、军法必须执行，不能因为与同僚有干系，就使执法被中间阻挠而废法。否则，若在上述场合仍然以宽宏大量去容忍，那就成为萎靡、疲软，那就会扶邪抑正。这样的人，使他为一人之长、或一家之长，都不堪胜任，怎么能够使他为将为帅、统驭三军领导手下将领呢？！所以，"法果宜民，当争则争，此为力量，而非抗傲也；令果当行，何忌僚寀，此为任事，而非执拗也；法果当行，何厌诛戮，此为威严，而非狂妄也。中间在吾辈有志向者辩而审之，审而力行之。动与道合，而功业成，既不失为有容之士，又可免萎靡疲软之祸矣！"只要法真正有利于民，当争必争，这是有力之气量，而不是傲慢抗上；只要令真正应当执行，就不能顾忌同僚之谊而坚决执行，这是为了负责任办成事，而不是固执己见；只要法真正应当贯彻执行，就应当坚决执法，不怕被别人构陷而遭到诛戮，这是为了保证法的威严，而不是张狂妄为。我们中间有志之士对此应当辩证认识、判断，并身体力行、建功立业，这样做，既是宽宏大量之将，又可避免萎靡疲软的祸患，于国于民于军都是有益的。

去"声色害"

切戒"淫声美色"之害，防止"败坏"。一旦陷于"淫声美色"，就会"一片暮气"，"甚至败伦伤化"。日常"看好书，操些武艺，教习士卒"。这些才是最有用的分内之事。

去"货利害"

"货利者，财帛珍玩也。"对人是一大害。"吾为将者，勿用心干货利，毋百计以求积，毋为儿孙作马牛。"将领，不要处心积虑地、千方百计地去贪求财帛珍玩、积累财帛珍玩，不要为儿孙们当牛作马、为他们留下积蓄。"将军之富，何所来乎？不是军士身上膏血，必是朝廷帑藏。……巧立名目，敛千万贫乏之资，而归之一人……致使精神淹废。""且以此敛怨，失卒士心，败疆场事，身死名丧。"将领要贪财致富，从哪里贪来，还不是搜刮士卒粮饷、赏恤等血汁血膏，或者贪污国家供给军队的经费、物资，这些又都是人民的血汗。非法地敛集千万人民、士卒的资财而于将领一人之手，最终导致天良丧尽，精神颓废。有的"甚至奴仆害其主，属伍叛其上，乐极生悲，死于刑戮"。遗臭世间。"古人所谓'武臣不惜死，文官不爱钱'，天下太平矣。""不惜死"，就不会"爱钱"；"爱钱"，就不会"不惜死"。所以，为将须切戒"货利"，"以淡薄节俭为务"，恪尽职守，"施恩士卒"，建立功勋，才算得上是大丈夫。

去"刚愎害"

"坚志而勇为，谓之刚。刚，生人之德也。恃强而自用不回，谓之愎。愎，刚德之贼也。"意志坚毅贞定为勇于任事、勇于作为，这就是"刚"。刚，为人生之一德，更是为将者的一德。伏恃自己的权势，不听别人劝诫，一意孤行，这就是'愎'。愎，是刚德最大的，也是最容易产生的危害。为将，最"患其不刚"，优柔寡断，犹豫不决，必将贻误战机，误事误军误国。刚德不能失，刚而不愎之德，尤其珍贵。所以"善将者，凡于古今名将成败之政，一时山川形势之殊，敌情我军微隐之变，必广询博访，集众思，屈群策，虽不挠于非礼，而转环于听纳。人之有技，如己有之。即其人不足取，而言可采，留其人而取其言，师其言而不必用其人。使吾之言行，固皆尽善当理，岂无一二之讹？宜忘其尽善当理之美，而急急求吾一二之讹，改过就中，行之以强健不息之志。如此，庶刚为吾之德。而通下情，知变敌，采众善，成功业。"作为良将，他对于古今名将在统军作战中的谋略、治军中的方略等的成功、失败的经验教训，山川地理形势的特征，敌军与己军细微而隐蔽的情况变化，必然进行广泛博深的查询、访问、调查研究；集思广益，虚心听取下属的献计献策，不因阻于世俗认为的非礼而多方听言纳议。对于某人有一技之长，我要学习他的长处为己有，即使是这个人不足取，但其"言"可以采纳，采其"言"，甚至以其"言"为"师"，而不必用这个人。即使将的言行"尽善"而"当理"，也会有一二点错讹之处，应当以急切求教的态度征求对这一二错讹的批评指示，以求改正。为将者，应当以健行不息的精神履行刚德，戒除愎害，以通达下情，知敌变化，集众人之智慧，成卫国保民之功业。

去"胜人害"

切戒"我自胜彼"，"不许人胜我"之念存在。否则，就会"见人有能，必思所以忌之；见人有功，必思所以没之；他人有寸能，必思所以攘为己有而后已。如此，必至损人利己，不顾天理，无所不为"。立志争胜，人当有之，人当为之。但绝对不应当恃胜傲人，忌才妒能，以至发展到损人利己，无所不为。这是人须切记、将尤须切实的教训。

去"逢迎害"

兵者，凶器、危事；将者，军之中枢。"一有处置不宜，安危存亡所系"。所以将领对其上司，不能曲意逢迎，唯唯诺诺，以免贻误军、国大事。"吾人有疆场之责，遇上司之命令，当道之咨询；必须是曰是，非曰非，某事不宜行，即曰不宜，某事力不能奉行，即曰力不能，直以告之。"将领肩负国家重托、疆场重责，遇有上司下达命令、当权者咨询，必须坚持实事求是的原则，是的就说是，非的就说非，不适合办的事就说不适合办，力不能及的事就说力量办不到；直言相告。这样，"虽一时有拂上官意，终必无失于己。他时，功求成，事求可，其上官且感我矣。故忠心有德之将，必励謇謇谔谔之风，断不逢迎为悦。"坚持实事求是，不屈意逢迎，虽然一时违背上官的意旨，但终究是自己于心无愧，功成事就之后，上官将会有所感悟。所以忠心报国、不存私念私欲的将领，必须激励忠贞正直、敢于实事求是的优良风尚，断然拒绝和反对为求私欲、阿谀逢迎以取悦上官的卑劣习气。

去"萎靡害"

这里指的"萎靡"，是同"刚直"相反对的涵义。其表现有："为将而萎靡者，必是平日贪滥徇私，虚冒帑饷，监阵偷生怕死，不肯用命之徒"；"以军务为趋承人情之具，寄耳目于委命，而低昂于颜面之间，柔媚足恭，不顾名分，不思廉耻，互相习效"。一种是，平日贪赃枉法、徇私舞弊，虚假冒领国家经费、粮饷，中饱私囊，临阵时贪生怕死、不肯用命；另一种是，把军务作为趋炎附势、阿谀奉承、人情交易的工具；将国家赋予的使命当作儿戏，不放在心上，一味地低昂周旋于世俗情面中间；有求于人时，柔顺献媚，毕恭毕敬，卑躬屈膝，丧失名分，寡廉鲜耻，不以为辱，反以为荣，甚至与人互相仿效。"萎靡则号令不行"，三军涣散。所以

"萎靡之徒，君可负，国可卖"，实在是一大祸害。固而必须倡导刚正之风，杜绝萎靡之气。

去"功名害"

"太上立德，其次立功，其次立言。"为将者，第一是树立将德，其次是建立军功，再次是创立一家之言。功名乃身外之物，治军领军乃将的分内之事。有功就有赏，但功名不可强求多求。"使我实尽此力，实事有十分，而功名至七八分，则受之不为过，享之不为侈。"如果"只管多方做虚套，求益功名，专事粉饰，而实事不继，实苦不受"则"一旦败露，天怨人恶"。所以为将只须尽力报效国家，功名利禄，不去计较。

"尚谦德"

"谦者，美德也。""有功能忘，有劳不伐，谓之谦。"谦虚，是一种美德。自己有功而能忘其功，有劳苦而不自诩其劳苦，这就是谦虚。谦虚并不是萎靡，萎靡绝不是谦虚，二者有本质的区别。"为将者处功伐之间，当危疑之任，非虚不能受益，非谦不能永葆终誉。"将领身处治军领军统军作战的位置、功名美誉之间，但又担当着危险疑难的重任，只有时刻谦虚慎重才能肩负起重任，使军队受益、国家受益，使个人永葆声誉。"凡人有德，我必慕之效之；一言一行之长，我必求之纳之。凡遇上司、僚、属，必尽礼尽职；立功建业，视为职分所该；辛勤劳苦，须知臣子当然。"凡是有行的人，我就仰慕他、效法他；凡人有一言一行的长处，我就探求并采纳；对于上司、同僚、部属，都必须尽礼尽职地去交往、对待；统军作战，建立功业，看成是自己职务、名分应该做的事，毫无矜恃的理由；因军务、行军、作战所受的辛勤劳苦，看成是作为武臣理论所当然应尽的责任，毫无夸耀的理由。这些就是将领应该具备的谦虚美德。

"惜官箴"

"箴者规戒也。明其守官之道，而时时有所规戒耳。""箴"（zhēn），成文的和习惯形成的法规、规则、戒律。"箴官"，为官的，包括文、武官吏必须遵守的法规、规则、戒律，是他们为政、治军、处事、作战以及言行的准则，是他们为官之道，必须时时事事作为自己的规戒。其中尤为重要的是"文官不爱钱，武臣不惜死"。"为将者，三军司令，表率数千万人。而欲使要尽力于我，我得假此以报国。期使杀之而不怨，利之而不痛，我不自己爱惜官箴，恪守正道，立身行己，凡百点检，务可以率下事上，以身为众人之法程，以官为众人之视效"，怎么能够"上无愧于上司，中无愧于僚友，升堂无愧于公座"呢？！作为将领，掌握三军的命运，身为数千数万官兵的表率。要想使自己所率领的数千数万官兵服从自己的领导、听从自己的指挥而竭尽其职责和力量，以便使我得以借此而报效国家。为此，即使他们在疆场战死或因独犯刑律而被杀，也都心中不怨，因有劳而受到赏赐，也不变得骄奢卑俗，只有我自己以身作则，作为爱惜并遵守"官箴"的楷模，恪尽职守，端正公道，身体力行，经常自我检点，务必做到正确地领导指挥下属，正确地对待上司，以自己的模范行动作为大家效法的榜样，以自己正确履行职责，作为影响部署的无声命令，这样才能够对上无愧于自己的上司，对同级无愧于各位同僚、朋友，升上大帐、公室，发号使令时，无愧于身负的公职，无愧于国家。"否则，人心解体，万法丛脞，不职之罚，覆餗（sù，珍贵食品）之诛，斧钺在前矣！"反之，为将者自己不守官规，违犯"官箴"，失去为部属作表率的作用。那么这个将领所率领的军队，必将人心涣散而解体，军法混乱而失效，战不能胜，攻不能克，军纪败坏，军威废弛。如此，该将领必将受到失职惩罚，甚至将因其放弃职守、败军偾事之罪，而遭到法律严惩，受到斧钺刑诛。

"勤职业"

"语云：惟勤有功。"工、农、兵、学、商各业，无一例外，勤则有功业。"为将之道，疆场之安危、三军之死生系焉。……军中事件，一一预先勤苦教练。……为将者须将所守疆域，时时放在心上；军士有疾病、患难、颠连无告之事，时时访访，随有所闻即时处之；军器时时办验，一有不堪即便修之；行伍时点检，一有紊乱即清编之；烽火哨报、城池墙垣，稍暇即一巡行，随日所见即为修缮；文移案牍，时时检行，如一事未完即忘其劳苦，务必终之，不拘夜半人劳之后，必不使军机文案姑待来时。如此，行之既熟，自然忘劳，精粗巨细，无不毕举，自然有备无患。"作为将军的行为举动、谋略运筹、指挥调度，关系到战场上的安危胜败，关系到三军的生死存亡。所有军中的一切事务，无论平时战时，都必须亲自教育练习。将领必须做到：国家所赋予的防守疆域，时时刻刻将这一使命任务放在心上；部属官兵凡是有疾病的、有患难的、有颠沛流离情况的，有这些疾患而无所求告以解脱的，时时刻刻地查访清楚，即时进行相应的妥善解决、处理；军队所有武器、装备、工具、用具，包括舰船、车辆、马匹、火器、冷兵器、装具等，时时刻刻进行采办、检查、点验，发现一件有不堪应用的，及时修理、弥补；所属部队的队列行伍，时时刻刻进行检查、点验，发现有紊乱不整的情况，及时进行清理、编组，使之恢复正规有序。烽火设施、哨探、警报部署、城池、垣墙、防御工程等，稍有空暇时间，即亲自下去巡视、检查，随时看到不完善、有缺陷的地方，及时修缮、补救；所有文件、档案、函件，时时刻刻件件阅读、检查、处理，如有一件事情未曾办理完毕，就不顾劳苦，务必办妥，甚至夜以继日地去办妥，当日事当日办，限时间的事按时办，决不推延以待来时。这种雷厉风行的作风，行之既久，养成自然，也就不以为劳，不以为苦，事情不论精粗巨细，都能按时按量按质去完成，这样，军队就会有良好的作风，就会有备无患。

"辨效法"

"语云：取法乎上，仅得乎中；取法乎中，则无足术斯下矣。"

常言道，以上等的作为榜样去效法实行，仅能达到中等的水平；以中等的作为榜样去效法实行，就不能达到中等的水平，只能是下等水平了。可见"取法"，即以什么榜样去效法，是十分重要的。然而，"兵事须求于实际之间，而可无效法之辨乎？！"军事，包括军队建设、作战等军事理论，必须在军事实践中才能求得，这是一个方面；同时，另一个方面，它也是可以鉴别成败而"取法"的。"为将者何所取材，必于经典中求之。前言往行，而史册浩瀚，岂武弁所能检习。幸而有《百将传》焉。人品、心术、事业，俱已概见，吾人当熟玩而习之。"将领为习练自己辨选应效法的取材，必须从中国古代典籍中寻求。但是，中国古代记载古人言行、论说的历史典籍，浩如烟海，极其丰富繁多。年代又十分久远，作为武职人员，难以有更多的时间和精力去一一检查阅读习练。有幸的是前人为我们留下一部传世的军事将领传记——《百将传》，可供我们学习。宋代张预著的这部《百将传》，写了从西周太公望（吕尚）至五代刘鄩（梁开封府尹、镇南军节度使）等历代100位有名将帅的传记，共100卷，各位名将的人品、心术、业绩都有概略叙述，我们应当认真仔细地阅读熟记并效法习练。"每一将传中，不独其用兵之事，凡为人存心立行一一细玩。有不二之心、纯忠之行者，我则师其德；长于兵机而短于德行者，我则师其术；某将竟至败坏、属于自取，我则鉴而戒之；某将忠廉智勇，无愧于己而无妄得祸，我师其行。……如此办法，真心师尚，自然完名全节，成古人之事业。"借鉴于《百将传》中每一有名将帅的传记事略：有忠贞不二的思想与行为者，我就以他的将德为师；有在军事方面有长处、而在将德方面有短处者，我就师其长而戒其短；有忠贞、廉洁、智勇双全，无愧于自己的名分与任使，而屈枉得祸者，我也以他的行为为师，等等。如此去效法古人、师长戒短、效成鉴败，真心诚意地去习练自己、去履行将的职责使命，率军作战，去处事为人，像古代有名将帅那样成就功业，自然会保全名节。

"习兵法"

"兵之有法，如医之有方。必须习读而后得。""师其意不泥其迹，乃能百战百胜，成为名将。"军事有兵法，犹如医学上的有治病验方，必须认真精读、联系实际学习，才能获得其精髓。在学习运用兵法时，要师从他的精神实质、原理法则，而不能机械地拘泥于兵法的章句，不顾时间、环境与主客观情况去照抄照办，要因时因地因敌去创造性地活用兵法的原理、法则，才能百战百胜，成为一位名将。

中国古代兵法卷帙浩繁，内容丰富，如《武经》七书之类等，可谓"无所不备"。"吾辈童而习之，幼而学之，又须长壮之日，履名将之门，处实境之间，方知兵法为有用，方能变化兵法以施之行事之际。"我们当童年、幼年时代起，就曾学习兵法典籍，乃至成年、壮年，又投身于名将麾下，在军事斗争实践中锻炼，方才知道兵法确实是一门有用的学问。"至于现任将领，付以边疆之寄，岁有桴鼓之举，可谓学兵法于实境之间矣。却恃其骁勇，或因年幼失学，不解文字，或不知兵法之有助于实用，遂又弃之而不讲。夫有资可习者，无实履之地；有实履之地者，无可学之资，如何而得全材为干城之器乎？"现在任职的将领，身在边疆率军任事，时常有击鼓挥旗指挥军队的实践行动，可算是有在实践的环境中学习兵法的机会了。但是，有的人，仗恃自己骁勇善战，误认为学习兵法并不有助于实用；有的人，年幼时失学，不识字，更不能学习兵法，只有弃之而不习。有学习兵法的材资者，无实践兵法的环境；有实践兵法的环境者，无学习兵法的材资，怎么能够获得文武全材的干城之将呢？"以后将士识字者于冬月夜长之时，宜将'兵法''将传'，每夜饭后，限看数页，……睡则枕上且细细玩味。内有不省之意者，次日复质问于先知之人，自然有得。不识字者，端坐澄心，令书吏识字之类、或通文'武生''秀才'，为之高声朗读数页，省其大概，复令讲说数过，归枕之际，亦如前玩味，自然有得。……古人谓开卷有益，学不误人。"只要能坚持勤奋学习，又能将学习兵法与军事斗争实际相联系，肯用脑思考，学习兵法是一定能够有成的。

明代佛郎机炮（摄于中国航海博物馆）

"习武艺""练将艺"

"为将者身司统率，似不必以技艺为高。但士卒全以器械为爪牙。古人有言：器械不利，以卒予敌。'利'之一字，不专为锋利，用之便利，亦此利也。欲用之利，必习之精。习矣而不得正彀，大阵之中稍有失误；或进退转跳间，前行未动，后行先误。若夫以少击众，人疏分击，尤贵于艺精。"将领身负统率之职任，似乎可以不须具有高超的武艺就能胜任了。其实不然。士卒完全是以手中武器作为战术工具。如果武器不利，就是将自己的士卒送给敌人。这个"利"字，既包含武器本身锋利的"利"，又包含士卒运用武器轻便、熟练、便利的"利"。要想武器运用得轻便、熟练、便利，必须苦练精练。如果习练而不得"正彀"，即不得正法，就不能"精"，不能"利"，战阵之中，就必将有失误。士卒在阵列中，进、退、转、跳，动作错乱，前面的行列尚未行动，后面的行列已先失误。如果以少击众时，士卒行列疏稀，分别击刺，可能会一人敌数人，尤其需要武艺精熟，才能取胜。"为将者，己不先学，何以倡人？己不知花法、实法之变，何以辨别士卒所习之高下？""谚云：艺高人胆大。将军者，将军于前，使无技艺在身，安得当前不惧？！且身当前行，恃我之技，可当二三人，左右勇健密密相随，人人胆壮，惟看将军气色。气色系于胆，胆系于武艺。是所关非小小也。"假如为将者自己不先学习武艺、武艺不高，用什么去倡导、号令部属？将军自己缺乏真武艺，就分辨不出什么是"花法"、虚套，什么是真法、实法，用什么去分辨士卒所教练的武艺是"花法"，是真法？是武艺高，是武艺低？谚语说：艺高人胆大。将军要领兵在前，身先士卒，假如没有高超的武艺在身，怎能当先而不畏惧？！我能身怀高超武艺，我一人可敌二三人，我的左右勇士、健卒就会紧紧相随，人人胆壮。士卒看将军气色，而气色源于胆量，胆量源于武艺，将军的气色威壮，士卒的意气就会昂扬，我军就能压倒敌人，这是关系勇怯胜败的大事。"欲"为全才之将，凡种种武艺皆稍习之，在俱知而不必精。再须专习一二种，务使精绝，庶有实用，庶可练兵。肯专心致志，不过一月可熟一种。""他如火器之具，军中利用而品制多门，……非为将者之信之真、白知熟，弗能适用也。"作为文武全才的将军，凡军队的各种武艺，都应该加以学习，要样样懂得，不必样样精通。在其基础上，再专门学习一二种武艺，务求达到精熟绝伦的程度，这样才会在战斗中实际使用，才会亲身教练所属官兵，才会有效地教育训练军队。其他如军队已装备大量火器，这是海、陆军中的利器，其品类、规格、形制多种多样，假如将领不一一熟悉火器的性能与使用要领，而后去教练士卒，那就不能发挥火器应有的作用。因而将领必须首先熟练掌握。其实做到这些并不难，只要你能够专心致志地去学练，不到一个月，就能学习熟练一种武艺。为将者都须奋勉。

"正名分"

"名分"，是指军队的职衔、身份，领导指挥、示属关系。"将军统驭千军万马，纵横进退，使非名分平日素定，谁肯甘当诛戮莫敢仰视乎？孔子论治，亦只曰正名。名正分定，分定则上下相安，臂指相使，莫敢有违。"将领统率指挥千军万马，纵横驰骋，前进后退，假使不是在平日军队内部名分确定，官兵们谁肯甘心情愿去疆场效死、甚至犯了军法甘心情愿去受诛戮，而不敢仰面看一眼呢？孔子在谈论"政"治的时候，也只是说"政"治就必须先"正名"。见《论语·子路》记载，孔子与子路议论"为政"时，"必先正名乎"，"名不正则言不顺，言不顺则事不成。"正名则定分，分定，就能够上下之间相安无事，相安无争，就能够使领导、指挥与被领导、被指挥之间，如手臂之使用手指，自然相随，相协调而无窒碍、无违背。"如此，在下事上则尊而亲之，在上使下则顺而悦之，三军之众可使赴汤蹈火矣！"

"爱士卒"

"将者腹心也，士卒者手足也。将诚勇，以力相敌不过数人极矣。数十万之众，非一人可当，必赖士卒誓死同生、奋勇当锋。兵法爱士如婴儿，故可与之赴深溪。"将领是军队的"腹心"，士卒是军队的"手足"。将领即是非常勇敢，用自己的力量去与敌军厮杀，最多也不过能敌得过数人而已。战场上，敌军有数万、十万的人，并不是将领一个人能够抵挡得了的，归根结底还是必须依靠全军士卒誓同生死、奋勇作战，才能战胜敌人。所以士卒才是军队胜利之本。中国兵法，历来强调将领率军要爱护士卒，好像爱护婴儿、爱护自己儿子兄弟一样，关心他们的疾苦、饥寒，时时刻刻与士卒同呼吸共命运，同劳苦共滋味，同患难共生死，这样你的士卒才能同你一起越高岭、赴深溪，赴汤蹈火，万死不辞，你的军队才能战必胜、攻必克。"如今将领"，有的对士兵"使之肩舆，使之供爨（cuàn，烧火做饭），使之厮役，死亡不恤，冻馁不问，甚至敛科财物、克减月粮"，有的将领"到处先择好歇处安眠，将领已熟睡，而士卒尚有啼饥号寒于通衢者"，有的将领"夜卧美榻，甚乃伴以技女（按，工于针黹的妇女，此指各种技能），而士卒终夜眠人檐下，枵（xiāo，空虚）腹而宿者"等等，不可枚举。这样的将领，要士卒去效死从命，是根本不可能的！切戒切忌。

"教士卒"

将领爱士卒，还必须严格教练士卒，才是真正的爱惜士卒。否则，对士卒"不加教习之"，即"是以卒御敌"，害了士卒。"故凡礼义、名分、行伍进退、营阵武艺，不教不能知，徒有亲上死长之心，而无视上死长之具，所谓乳犬犯虎、伏鸡搏狸，随之死矣。是徒鱼肉我众。"士卒对于军队的名分、礼义、行列进退、战阵交锋的武艺等等，将领如不进行教练，士卒就不能明白掌握。这样，士卒即空有尊敬上司、从令效死的思想，而没有这些方面的知识和本领，那就好像古语说的"乳狗之噬虎也，伏鸡之搏狸也，恩之所加，不量其力"。正在哺乳的母狗为保护幼仔去与猛虎撕咬，正在孵卵的母鸡为保护其卵去同狐狸搏斗，它们欲施爱于其子，但实在没有能力去做到，结果不可避免母子同遭死亡的厄运。如果将领不教练士卒身怀武艺，他们在战场难免送死，这等于是将广大士卒作为鱼肉投于虎狼，犹如成语说的"乳犬噬虎、伏鸡搏狸"一样。所以，将领对士卒必须"操之于场，练以武艺，教之以夙，俾人人有勇知方，人自为战，蔑有不胜敌者"。将领率领军队士卒操练于教练场，精练武艺，日常教练持之以恒，使全军官兵个个有勇敢精神、有精熟武艺。一旦到战场上与敌军作战，能够人自为战、人战能胜，是没有不能被战胜之敌人的。

"明恩威"

将领有恩有威、有赏有罚，恩威善施、赏罚严明，才能带出有战斗力的军队。

恩威不明，赏罚不严，军队将变成"乌合之众"，对于"乌合之众"，就是有孙子（武）、吴子（起）也无能为力去指挥他们作战。"赏，不专在金帛之惠；罚，不专在斧钺之威。有赏千金而不劝者，有不费数金而感深挟纩者；有赏一人而万人喜者，有斩首于前而不畏于后者；有言语之威而畏如刀锯，罚止数人而万人知惧者。"赏，并不在于金银财帛；罚，并不在于施斧钺之威。譬如：有的你赏赐他千金之重，并不能导致士卒互相规劝勉励，有的赏赐不过数金，却能使士卒深深地感到像是穿盖丝绵衣被一样地温暖；有的赏赐给予一人，而使万人心喜互相激励，有的将前者斩首示众，却不能使后者畏服；有的言语的威严，使士卒畏之像畏惧刀锯斧钺；有的罚了少数士卒，却能使万众知道畏惧而不敢再犯，等等，这里是有一定的道理和规律的。"赏之以众情所喜，罚之以众情所恶。""或申明晓谕"，务必使"人人知赏与罚之故。感心发则玩心消，畏心生则怨心止"。行赏施罚的时候，使所赏的人是群众喜爱、拥护的，所罚的人是群众厌恶、痛斥的，使所有官兵都明白所以赏、所以罚的原则，士卒思想上有所感悟，玩忽职守的思想就会消失，思想上有所畏惧，怨尤的思想就会自觉制止，士卒就会自励向上，军队的作风、士气就会日益振作。

"严节制"

"用数万之众堂堂原野之间，法明令审，动止有则；使强者不得独进，弱者不得独退；峙如山岳不可撼摇，流如江河不可阻遏；虽乱犹整，百战不殆，握定胜算，以制全敌。舍节制必不能军。"统率数万之众的军队，在原野战场上施行堂堂之阵，号令得到严格执行，或行动或停止都合乎阵法战法的规则；即使勇猛、强悍的士卒也不得离开阵列独自向前攻击，胆怯、质弱的士卒也不得离开阵列独自向后退缩，这支军队雄峙如山岳不可摇撼，如江河湍流不可阻挡。虽然战场形势纷乱，但队伍阵列始终是严整的，这样的军队，一定能百战百胜，稳操胜券，以制胜整个敌军。如果没有严格节制，就不可能有这样的军队。严格节制，是在平时的严格教练养成、在实战中严格贯彻执行中取得的。"节制者何？譬如竹之有节，节节而制之。故竹虽虚，抽数丈之筒而直立不曲。"节制，就比如竹身，是靠竹节一节一节地制约着，才能高达数丈而能亭亭直立，虽它中间是空心的。"故军士虽众，统百万之夫如一人"。严节制，就能使百万之众的大军像一个人一样行动。"夫节制工夫，始于士伍，以至队哨，队哨而至部曲，部曲而至营阵，营阵而至大将，一节相制一节，节节分明，毫不可干。金鼓各有所用，音不相杂；旗麾各有所用，色不相杂。人人明习，人人恪守，宁使自身可弃、此命可拼，此节不可不重，视死如归，视令为尊。如此，必收万人一心之效，必为堂堂无敌之师，百战百胜。"节制的教练与施行，从最基层的士卒和编伍（战斗组）开始，上面至于甲长（辖10人）、队长、捕盗（舰长）、哨官（辖战舰2艘），队长、哨长再上至于所属上司，上司更上至于营（辖2哨）领兵官，最后上至指挥将帅。一级辖一级，级级职责与隶属分明，丝毫不得松弛、混乱。击鼓则进，鸣金则止，金鼓之声不能混杂；旗之所麾，即队伍（战舰）之所向，所有旗帜的形式、颜色的使用，均严格按照规定的形式、颜色和相应的情况使用，也不得紊乱、混杂。

佛郎机炮图示

这些节制法规，全军官兵必须熟练掌握并严格遵照执行，丝毫不得违反。为遵守节制，军人在必要情况下，宁可牺牲自己，宁可与敌人拼命，也不能违反节制。视节制之严，重于个人生命，视军令之尊，贵于个人生命。这样，必将收到千军万马如一人的效果，必将使军队教练成为一支威武堂堂的、天下无敌的军队，必将能够战必胜、攻必克，百战百胜。

"明保障"

主旨是明确军民军政关系，端正军民军政关系。"保障"有两方面的含义，并非单方面的含义：军队的使命是保国卫民，尊重政府，爱护民众，保障国泰民安；政府、民众要爱护军队、给军队以有力保障，使军队得以完成卫国保民任务。只强调一个方面而忽视另一个方面，都是片面的、有害的。戚继光先是追溯了中国古代从夏、商、周三代经西周、春秋战国、秦、汉、三国、魏、晋、隋、唐、宋、元直至明代的历史，在这一方面的制度、实践等的概况。"粤稽三代而上，井田聿兴，兵农合一，五等封爵，文武不分。"夏、商、周三代奴隶社会时期，兴起实行井田制度，兵农合一，耕战合一，平时在井田耕作，战时出征打仗，文职、武职，畛域不分，公卿、诸侯故为公、侯、伯、子、男五等封赏爵位。"出则为将帅，入则为师保。"各级统治、当权者，有战事出征时，就是统兵将帅；无事回归时，就是教师和官吏。"迨至春秋战国，民无宁宇，卒有常征。井田浸废，兵农攸分，……文武异途，门户渐立。"到了春秋战国，战争频繁，民不能安居乐业，充当士卒长年随军征战。井田制度逐渐废除，兵农合一、耕战合一的常规被逐渐打破，兵与农分离，农与战分离，文与武殊途攸分，各自的门阀逐渐确立。"分者决不可合，而合者亦分。""握戎者，輒以汗马自骄，……军政掣肘。""驭众临垒，为将士之责；而粮饷、赏罚、操纵、予夺纤细之事，悉在有司。即器具、行伍、教授、法令，亦缙绅预其章程。……文武势分情格。"统率军队的将帅，常常因自己有厮杀疆场的汗马功劳而骄傲自大，军队与地方政府互相掣肘。统兵作战，是军队将士之责任；而筹给粮饷、名正赏罚、操纵指使、权力予夺以及许多细微末节的事情，却都掌握在地方官员之手，就是武器装备供应、行伍充实、士卒基础教练、法令制定颁行等，也都须由地方官绅预先制定章程，文武攸分，情势隔阂，军政难以相辅相成。政府与军队的共同目标都是卫国保民，历史上形成的这种隔阂，严重地妨碍达成这一共同目标。在这里，军队的责任是不容忽视的。"每到地方，纵容骚扰百姓，不肯克己。"尝见东南沿海地区，倭寇侵袭、连年战争的地方，民众怨言流传说："贼是木梳，兵是竹篦。盖言梳还有遗，篦则无遗矣。"民众把倭寇的烧杀抢掠比喻为"木梳"，把有些官军的趁火打劫、非法害民比喻为"竹篦"，倭寇的侵袭还有空隙，官军的打劫却是无所遗漏了。这是民众的正言谴责："有军卒生事，相讦到官，又辄右兵而左民，以致军士纵恣，纪律不整，百姓失望。比临阵时，不惟无以勘定患乱。且杀平民以报馘（guó，战争割取战死的敌官兵的左耳或首级以献功，这里是指士卒杀死平民去冒功），劫避寇之家以充食，奸淫被难女妇，矫诬掩败，设诈冒功。……于是，文吏耻武夫之无术，视军士仇雠，凡军民相干之事，一切肆其诋毒，务要军将受亏，曲护小民，以为仁爱。"有的军队其士卒扰民滋事，争执告官，又往往是袒护军队而压抑民众。更使这些军队的士卒从心所欲，为所欲为，违法乱纪，军纪败坏，使民众对军队大失所望。到了作战的时候，这些失去民众信任的军队，必将因为得不到民众的拥护，不能战胜倭寇，平定患乱。有的士卒甚至杀害平民百姓，拿了被害者的左耳或首级去"报功"，劫掠逃难躲避倭寇的人家的财物作为军食，甚至丧尽天良，奸淫被难的妇女。如此军纪败坏的军队、士卒，必然对上司以欺骗谎言掩蔽其战败事实，设计诈求以冒"战功"。于是地方官吏以武夫的无能为耻辱，把军队、士卒视为仇敌，凡是遇到军民纠纷的事情，对军队、士卒一律任意尅毒对待，并以保护小民、实行仁爱之政为借口。"遇有警时，即钱粮、军器、馈饷应付率不究心，一意只要军士杀贼，要将官驱不饲之马、不哺之军、不着入家居宿，无论贼势众寡，机宜何如，一到便杀了贼来，庶才将就。"一旦有警，地方官员对于钱粮、武器装备等物资供应保障，一律漠不关心，却只要军队、士卒攻战杀敌，要将领、军官驱赶不食草料的战马、饥腹未饱的军队，得不到休息整顿；不管倭寇众寡、战机是否有利，敌人一到官军就应当把它消灭。只有这样做了，地方官员才肯予以"将就"。"平日于凡军伍气势被其摧抑已尽，军队将官事权被其制肘莫展，……是以贼得猖獗，蹂践边关，虔刘（qián liú，劫掠、杀戮）子女，损伤国体。"天长日久，军队的士气、威势被摧折、抑制丧失殆尽，将领、军官的领导指挥被多方掣肘，一筹莫展。致使倭寇日益猖獗，践踏、蹂躏我东南沿海地区边境要地，杀虏我民众，损伤我国家。这是十分惨痛的教训。要想改变这种军政军民关系不协调而招致的恶果，首先必须从军队做起，军队"必以严节制为务"，严节制又必须从"明恩威、严教练"做起。

最后，戚继光总结练将诸端。"先立志向，然志向先起之心，故以止心术（又称'练心气'，为练将之要）为首；是故心术正，则志向自立而不忒（tè，差错）；志向立，则死生自明而不畏；死生明而利害自辨；利害辨人品自好；做好人而未有不知坚操守者也，坚操守而狭隘者有之，故次之以宽度量，心广体胖矣；而最难窒者欲也，欲莫如声色与货利；真能拔除难窒之欲，而尚德不可不谨，刚愎害、胜人害、逢迎害、萎靡害、功名害，皆以轻重缓急次第而切磋琢磨之可也；夫惟诸害即去乎身，善美已归诸已，于是骄吝或生焉，非所以受益也，故尚谦虚之德焉；谦而无箴，其弊也弱，故次之以惜官箴，则谦不至于弱矣；勤职业者，官之箴也；辨效法者，官之箴也；官箴正矣，或于将之职未尽也。将以勘乱为务，戡乱有具，官法为要，武艺次之；治军有方，名分为切，教授次之；教授有术，故次之以恩威也，节制也；合而言之，无非以保民为职，故终之以明保障。约之以一言曰：正心术而已矣。"

郑成功的战舰模型（摄于中国航海博物馆）

戚继光关于练将的各大端，都是他阅读典籍、借鉴古人，又多年亲身经历、实践而体验概括出来的真知。他对于每一个方面，都是采取实事求是的、辨证的，正反方面对比分析论证，并针对当时存在的"通弊"有的放矢地进行针砭，以求诸官兵的正确认识。在这一方面，戚继光的认识与理论在广度与深度上，在可操作性上，均超过了中国古代历代名将的认识与理论，是独树一帜的。这些认识与理论，对于后世也具有实用价值。这是戚继光对中国军事思想宝库的巨大贡献之一。

四、练将才将略

将才与将略，即将的军事指挥艺术和军事谋略水平，是将帅应具备的高超素质，是练将的核心，如果缺乏这方面的素质或素质不高，就不能为将帅，更不能为良将。《孙子·谋攻篇》说："将者国之辅也，辅周则国必强，辅隙则国必弱。"《孙子·作战篇》说："故知兵之将，民之司命，国家安危之主也。"这些是至理名言。作为"辅国"的将帅，要能做到对国家"辅周"，使国家"必强"，那么，他们自身必须具备文韬武略、雄才大略、智勇双全的才智和谋略；熟知兵法并能善于运用兵法，统率军队作战的将帅，关系民众的命运、国家的安危。将帅如果"辅隙"，就可能误军误国殃民。在历史上，成功的名将、良将，失败的愚将、弱将，都是不少见的。

《孙子·始计篇》："故经之以五事，校之以计而索其情。一曰道，二曰天，三曰地，四曰将，五曰法。道者，令民与上同意，可与之死，可与之生，而不畏危也。天者，阴阳、寒暑、时制也。地者，远近、险易、广狭、死生也。将者，智、信、仁、勇、严也。法者，曲直、官道、主用也。凡此五者，将莫不闻，知之者胜，不知者不胜。故校之以计而索其情，曰：主孰有道？将孰有能？天地孰得？法令孰行？兵众孰强？士卒孰练？赏罚孰明？吾以此知胜负矣。"国君与军队统帅，在平时或在准备应付战争的时候，就必须预测、分析五件大事，以这五件大事为基础做出相应经略，并探索影响己方在筹划、谋略、策略方面之"七计"的真实情况，以制定自己正确的战争方略。这五件大事是："道""天""地""将""法"。"道"，是道义，其实质是政治、政策，是得民心的政治、政策，有了这样的政治、政策，就会得到"人和"，"天时不如地利，地利不如人和"。民和则民众——国家的根基、根本，就能与国君、军队同一意志，同一信念，同生共死，同患共难，而不畏惧任何艰难险阻，不畏任何强敌。"天"，是天时，即季节时令、朔望运转、昼夜明晦、阴雨晴朗、严寒酷暑、风雹雷电等，知天时是运筹战守的重要客观条件之一。"地"，是地利，即道里的远与近，地理形势的险峻与平易、广阔与狭隘，以及进可以攻、退可以守的"生地"，还是进不可以攻、退不可以守的"死地"，天时不如地利，知地理形势的有利与不利，是运筹战守更重要的客观条件之一。"将"，是率兵将领，这些将领须具备智谋才干，能知己知彼；要言必信、行必果，赏罚严明；要爱兵如子，体察下情，宽宏大量；要勇毅果断，坚忍不拔；要军纪军法严明，军容威武雄壮，士气旺盛。曹操称智、信、仁、勇、严为将之"五德"，五德具备可谓良将。"法"，是军队的法制，即军队的编制、组织体制，军事法规，军事制度，职责名分、后勤供应保障等，是军队领导指挥、教育训练、行军作战的根本保障，是军队这个武器集团特有的法制形式。对于"五事"，国君和军队统帅，都必须调查完备，熟悉其真实情状，如此就会有取得胜利的基础；反之，就没有胜利的基础。

国君和军队统帅，还要比较、分析"七计"，以探索"七计"各方面敌己的真实情况，以得出正确的情况判断。这"七计"就是：敌己双方的国君与军队统帅，哪一方最有道义，哪一方的政治、政策最得民心，最具备"民和"这个首要条件？敌己双方的率军将领，哪一方最具备智谋才干，最能知己彼？敌己双方哪一方最具备"天时""地利"的重要条件？敌己双方哪一方的法规、号令最能有效地迅速地得到贯彻执行？敌己双方的军队包括官兵与武器装备哪一方最强？敌己双方的士卒哪一方的技术、战术、号令等的操练最熟练？坐作进退协调一致？敌己双方的法纪、赏罚，哪一方最严明？对这"七计"方面经过对比、分析得到正确判断，就可以知道双方可能的胜负或胜负的原因了。

舰炮（摄于中国航海博物馆）

孙子的上述理论，是关于将才将略的精辟理论，具有普遍意义，也是练将才、练将略的根柢。

练将才练将略的主要方面是：知己知彼、先计后战、奇正变化、决战决胜、赏罚严明等的智谋用兵、作风的教育训练。

知己知彼的智慧

统军作战的将领必须知彼知己，才能百战不殆，这是中国古代选将、立将、练将的历史传统。《孙子·谋攻篇》说："知彼知己，百战不殆；不知彼而知己，一胜一负；不知彼，不知己，每战必殆。"统军作战将领，如果既熟知自己所率领的军队情况，又了解敌方军队的情况，那就会身经百战也不会失败；如果只熟知自己所率领的军队情况，而不了解敌方军队的情况，那就会有胜有败；如果既不熟知自己所率领的军队情况，又不了解敌方军队的情况，那就会每战必败。这里所说的"知彼""知己"的"知"，就是指知道在《孙子·计篇》中的"五事"和"七计"，即敌、己双方的"道""天""地""将""法"和主道、将能、天时、地利、法令执行、兵众强弱、士卒精练、赏罚严明的真实情况及其双方对比。除去了解"五事""七计"之外，还须具体地侦察（"用间"）了解敌军的企图谋划、兵力众寡、真假虚实、正兵奇兵、军需供给等翔实情报。《孙子·用间篇》说："不知敌之情者，不仁之至也，非民之将也，非主之佐也，非胜之主也。故明君贤将，所以动而胜人，成功出于众者，先知也。先知者，不可取于鬼神，不可象于事，不可验于度，必取于人：知敌之情者也。"由于不了解敌方军队的情况，指挥军队打莽撞仗，从而损兵折将，甚至丧军误国，那就是极端不仁的行为，他就不配作统军作战的军队将帅，不配作国君的辅佐，决不可能是胜利的主宰者，而是败军误国的人。所以，贤明的国君和军队统帅之所以统兵作战常能克敌制胜，其成功超群出众的原因，在于能在战前就已了解、熟悉敌己双方主客观情况，明于情而战。他们要在战前预先了解、熟悉情况，不可以祈祷鬼神，不可用卜筮占卦以求得，也不可以用类似的事物来象征推测以求得，更不可用天象变化，如日月星辰运行景象、晦朔盈亏、日蚀月蚀、风雨雷电、天气灾祥等自然现象作为某种应验以求得，必须求于人，求于人的侦察、谍报、探询，尤其是求于了解敌军底细的人。对多方获得的情报，进行认真的仔细的分析，去伪存真，去虚存实，以得出正确判断。《孙子·计篇》最后说："夫未战而庙算胜者，得算多也；未战而庙算不胜者，得算少也。多算胜，少算不胜，而况于无算乎！吾以此观之，胜负见矣。"将帅在知彼知己的基础上，还必须对战争或作战进行科学的、周详的运筹计划，即所谓"庙算"。经过科学周详地运筹计划，认为敌己双方兵力优劣对比、主客观条件利弊对比等，己方将能够取得胜利，因为己方兵力属于优势，作战计划、作战准备周密充分，主客观条件的有利条件多于敌方，即"得算多"；如果经过运筹计划，己方将不能够取得胜利，那是因为己方兵力处于劣势、作战计划不够周密，作战准备不够充分，主客观条件的有利条件少于敌方，即"得算少"，更不用说不进行运筹计划、不进行准备，不具备有利条件，即"无算"了。我们从以上这几个方面研究，就会知道战争或作战的胜负分别属于哪一方了。

孙子关于国君、将帅必须经之以"五事"，校之以"七计""知彼知己""多算"致胜的关于作战指挥，同时也是关于练将才、练将略的思想理论，开创了中国古代"为将之道"的具有普遍意义的独特思想、理论，闪耀着唯物主义认识论和方法论的光芒，在中国历代运用中经久不衰，至今仍然具有实践意义和理论意义。

先计后战的谋略

这里"先计"的计，固然可以包含上面"多算""少算""无算"的"算"在内，但主要不是指的"算"，而主要指的是战争或作战的方略、谋略、施计定策的设计与确定。只要自己的战争方略、谋略与计策高于敌方一筹，就有取得胜利的把握；反之自己的战争方略、谋略与计策不及敌方，就会失去胜利的可能。

先计后战，就是孙子所说的"先为不可胜""致人而不致于人"的含义。

《孙子·形篇》说："昔之善战者，先为不可胜，以待敌之可胜。不可胜在己，可胜在敌。故善战者，能不可胜，不能使敌必可胜。故曰：胜可知而不可为也。"古时善于统兵作战的国君将帅，首先通谋略、筹划与准备，使己方"立于不败之地"，使敌方不可能取得胜利，以待机、寻机，等待敌方出现弱点、劣势或疏忽大意、置措失误等可乘之机时，与敌决战就可取胜。造成不可被战胜的诸方条件，完全在于己方主动而周密的举措；而可能被己方战胜的条件，却完全在于敌方的筹划、置措是否出现失误和"可胜"的条件。所以，善于统兵作战的国君、将帅，能够使己方做到不可被敌方制胜，只要知彼知己、谋划得当；但不能做到使敌方必然被己方所战胜，因为战争或作战是实力与智谋的较量，是双方生死存亡的搏斗，敌方也在力争做到"先为不可胜，以待敌之可胜"。战争或作战的历史经验证明，战争或作战的胜利、或求胜之道，是可知的；但是，实战中的胜利，并不是可以强求，更不是可以侥幸做到的。

《孙子·虚实篇》又说："故善战者，致人而不致于人。"唐李卫公（靖）说：兵法"千章万句，不出乎致人而不致于人而已矣"。致人而不致于人的谋略和战法，中国古代兵书、史籍中记载有许多原则和实例，如避实击虚、避强击弱、声东击西、奇正变化、虚实变化、隐真示假、诱敌深入、攻敌必救、攻敌无备、劳敌饥敌、欺敌诈敌、疑敌惑敌、纵敌骄敌，等等。

《孙子·虚实篇》对此有精辟论说："故善战者，致人而不致于人。能使敌自至者，利之也；能使敌人不得至者，害之也。故敌佚能劳之，饱能饥之，安能动之者，出其所必趋也。行千里而不劳者，行于无人之地也；攻而必取者，攻其所不守也；守而必固者，守其所必攻也。故善攻者，敌不知其所守；善守者，敌不知其所攻。""进而不可御者，冲其虚也；退而不可追者，速而不可及也。故我欲战，敌虽高垒深沟，不得不与我战者，攻其所必救也。我不欲战，画地而守之，敌不得与我战者，乘其所之也。故形人而我无形，则我专而敌分，我专为一，敌分为十，是以十攻其一也。则我众而敌寡，能以众击寡者，则吾之战约矣。吾所与战之地不可知，不可知，则敌所备者多，则吾所与战者寡矣。故备前则后寡，备后则前寡；备左则右寡，备右则左寡；无所不备，则无所不寡。""故兵无成势，无恒形。能因敌变化而取胜者，谓之神。"

孙武的上述论断，堪称是兵法中"致人或致于人的精髓"。善于统兵作战的将帅，能够吸引、调动敌军以适应己方的作战企图，而不被敌军所吸引、调动去适应敌方的作战企图。能"致人"的战法有多种，总之是使敌军被"致"而又不自觉其受己之"致"。譬如：能够使敌军自"至"而受计，自己入网上钩，那是要运用各种让敌军认为有"利"可得的战略、策略来吸引、调动它；反之，能

够使敌军不自"至"而不自觉其受己方之"致"，那是要运用各种
让敌军认为非但不"利"、反而有"害"的战略、策略来指挥、调
动它。同样，敌军驻屯、安逸，企图以逸待劳，我军能施计定策使
它变逸为劳，以至于疲惫不堪；敌军军需供应充足，无饥寒之虞，
我军能使它供应断绝、饥寒交迫；敌军安静休整，我军能使它躁
动；这是因为我军巧妙运用适当的战略、策略打击它必奔必赴以全
力救援的要害处。我军千里行军并不疲劳，那是选择了敌人非常空
虚的地方，使我如入无人之境。我军一旦攻击，必然夺取的地方，
那是选中了敌军防御薄弱、麻痹无备的地方。我军处于防御地位，
而且是敌军必定要攻击的目标，所防守的阵地、城池、基地等，一
定固若金汤，敌军难越雷池一步，那是因为我军阵地坚固、防御配
合严密。所以善于进攻的军队，敌方难以预谋它怎么样来防守，其
防线、阵地才能不至于被攻破；善于防御的军队，敌方难以预谋它
如何去进攻，其防线、阵地才能被突破。进攻时，使对方难以抵
御，就必须攻击它防御薄弱、空虚的地方；撤退时，使对方追击不
及，就必须迅速隐蔽。我军决心与敌合战，敌军虽有筑垒深堑，也
不得不同我军合战，就必须攻击敌军必然要出击去解救的某一点；
我军决心不与敌军合战，就是画地为界而进行防守，敌军也不得同
我军合战，就必须施展计谋将敌军引向错误的方向。使敌军充分显
露其"形"，即敌军兵力部署、行动方向、作战企图等，而己军的
"形"予以周密隐蔽，达到"无形"可觇；由于己军充分掌握敌军
的"形"，明察其虚实、强弱、奇正，己军就可以"专"——集中
兵力避实击虚、避强击弱；由于敌军不了解己军的"形"，它必然
会分兵应付，以防疏漏；这样，如在敌己兵力大体相等的情况，己
军是集中兵力形成一个拳头，而敌军分成十份去防备，己军就可以
在某一方面上形成十倍于敌军的优势以攻击之，就能将其各个歼

灭：继而造成绝对优势以对敌之一部攻击，己军攻击的成功那就是有把握的了。己军纵横驰骋，所企图进攻的地方，敌军难以探察清楚，这样敌军要防备的地方，必然要多，因为它心中无数，只有处处防备，防备前面，后面必然薄弱、空虚；防备后面，前面必然薄弱、空虚，防左防右皆然，如果处处防备，分兵把守，相对来说那就会处处薄弱、空虚，真有防不胜防之虞。综上所述，可见军队没有一成不变的态势，没有经常保持的形貌，"势"与"形"都是一种动态，都是在变化中。将军能够随时因敌变化，因地、因时变化而作出科学分析、正确判断，下定正确决心，指挥部队攻防作战，皆能取得胜利，那就是达到出神入化的程度，可以成为"常胜将军"。

《唐太宗李卫公问对》卷下说："千章万句，不出乎多方以误之一句而已。""大凡用兵，若敌人不误，则我师安能克哉？譬如弈棋，两敌均焉。一着或失，竟莫能救，是古今胜败率由一误而已，况多失者乎。"兵法有千章万句，不超出"多方以误之"，即多方施计用谋以"致人"，以使敌军失误这一句警言。大凡国君、将帅用兵，如果不能使敌军造成错觉、失误，己军怎么能够克敌制胜呢？比如两人对弈，双方棋子是均等的，但当一方在一步棋上失误，竟然造成不可挽救的败局，即"一着不慎，全盘皆输"。这是古今战争或作战所以有胜有败，皆系于一招的失误，更不用说"多方"失误了。

关于如何理解《孙子》论及攻守强弱之势，这是教将练将、练将才、练将略中需要正确解决的一个问题。因为对于这个方面的问题从古至今都有不同的见解，有的正确，有的欠正确，需要探究。《唐太宗李卫公问对》卷下，对此有独到的见解："前代似此相攻相守者多矣。皆曰：'守则不足，攻则有余'。便谓不足为弱，有余为强。盖不悟攻守之法也。臣案《孙子》云：'不可胜者守也，可胜者攻也。'谓敌未可胜，则我且自守，待敌可胜而攻之尔。非以强弱为辞也。后人不晓其义，则当攻而守，当守而攻。二役既殊，故不能一其法。"唐以前各代兵家，关于攻守强弱的议论曾有很多。都是说，《孙子》说的"守则不足，攻则有余"中的"不足"就是弱，"有余"就是强。这大概是由于没有顿悟、懂得"攻"与"守"战法的涵义。《孙子·形篇》说："不可胜者，守也；可胜者，攻也。"这是说：敌军尚未出现己军"可胜"的弱点、失误时，己军暂且"自守"而不攻，等待敌军出现己军"可胜"的弱点、失误时，则攻击之。并不是攻者强、守者弱那样的说法。后代的人们，没有理解《孙子》原话的含义而误用，应当进攻时却去防守，应当防守时却又去进攻。攻守与强弱，各具有不同的含义，其法不能等量齐观。"守之法，要在示敌以不足；攻之法，要在示敌以有余也。示敌以不足，败敌必来攻，此是敌不知其所攻者也；示敌以有余，则敌必自守，此敌不知其所守者也。""攻是守之机，守是攻之策，同归乎胜而已矣。若攻不知守，守不知攻，不唯二其事，抑又二其官。"防守的战法，要能向敌军显示己军的兵力"不足"的假象，则敌军必定被引诱来进攻，这是敌军不知道它所攻可胜的目标，将导致失败；进攻的战法，要能向敌军显示己军兵力"有余"的假象，则敌军必定被误导将重兵去"自守"，这是敌军不知道它应当防备的地方而错误部署，也将导致失败。进攻是实现防守的手段，防守是实现进攻的策略，目的都是为了战争或作战的胜利，是有机统一的整体。假如只知进攻不知防守，或只知防守不知进攻，那样，不但是将攻守机械地分割为截然相反的两件事，而且攻防的职能——都是为了胜利，也分割为不同的东西了。这就是违反军事规律的。为将帅者，必须深研细究，达到融会贯通的境界。

奇正变化的用兵艺术

良将用兵如神，出奇制胜，使敌方变幻莫测，每战必胜。奇正变化的用兵艺术，可以向兵法中学习，更重要的是在战争实践中学习。《孙子·势篇》说："凡治众如治寡，分数是也；斗众如斗寡，形名是也；三军之众，可使毕受敌而无败者，奇正是也；兵之所加，如以碫（duàn）投卵者，虚实是也。凡战者，以正合，以奇胜。"国君、统帅治理、统驭千军万马的庞大队伍，就好像治理、管辖一支小规模的队伍一样，令行禁止，有序不乱，那是因为有严整的编组体制、严密的管理体制；统率千军万马的庞大军队去作战，去攻城掠地，就好像带领、指挥一支小规模队伍去战斗，去冲锋陷阵一样，所向无敌，那是因为有明确的号令和顺畅的指挥；统率三军作战，在受到敌军全面进攻仍能取胜而不败，那是因为掌握了因敌、因地、因时正确运用正兵、奇兵变幻莫测的用兵艺术；在作战中，一经将兵力指向敌军，就好像用砺石击卵，所向披靡，那是因为运用避强击弱、避实击虚的战术。大凡与敌军对阵，往往是以正兵进行正面交战，以钳制、吸引敌军，而以奇兵出敌不意地实施迂回侧击而取胜。出奇制胜战术的运用，真正有如天地的无穷无尽，如江河大海的无绝无竭，如日月的往复，如死生的循环。奇正运用永远没有穷尽，将帅学习永远没止境。"奇正相生，如环之无端"，真可谓"运用之妙，存乎一心"。

唐李卫公（靖）在与唐太宗（李世民）的策论问对《唐太宗李卫公问对》中说："兵法自黄帝以来，先正而后奇，先仁义而后权谲。""若非正兵变奇，奇兵变为正，则安能胜哉？！故善用兵者，奇正在人而已。""善用兵者，无不正，无不奇，使敌莫测。故正亦胜，奇亦胜。""奇正者，所以致敌之虚实也。敌实则我必以正，敌虚则我必为奇。苟将不知奇正，则虽知敌虚实，安能致之哉！臣奉诏但教诸将以奇正，然后虚实自知焉。"中国古代兵法，关于将帅教育与作战指挥，自从黄帝以来就有奇兵、正兵的用兵方法。那时，通常是先用正兵，而后用奇兵；先以礼义对待，而后运用权谋诡计较量。但在战争实践中，奇正是需多方变化的。假如在实战中，不根据战场的实际情况，有时将正兵变为奇兵，有时又将奇兵变为正兵，使敌军出于不意，又怎么能够取胜呢？！所以，善于用兵的将帅，其兵力部署，没有哪一部分兵力不可以随情用作正兵，也没有哪一部分兵力不可以随时用作奇兵，其变幻多端使敌军不可揣测，陷于被动挨打。而己方用正兵时可以胜，用奇兵时也可以胜。奇正之妙用，完全在于胸怀韬略的将帅们高超的谋略、指挥艺术。善于用兵的将帅，奇正的运用，是针对敌军的虚实。对敌军实力强的主要作战正面，我军则用正兵攻击以钳制、吸引敌军；对敌军实力较弱、部署较空虚的侧翼、后方，我军则用奇兵实施出其不意地攻击，以击破敌军，协同正兵歼灭敌军。敌军的虚实是随时可以变化的，总之奇兵也应随之变化。假如将帅未经过兵法教育，不懂得奇正的变化运用，虽然了解敌军的虚实，也是不能有针对性地运用奇正以歼击敌军的。李卫公说，他奉诏命教育各位将领学习兵法，重点是习练奇正变化之法，各将领熟悉奇正用兵之术，然后在战争或作战中，就懂得如何针对敌军之虚实去运用奇正了。唐太宗说："以奇为正者，敌意其奇，则吾正击之；以正为奇者，敌意其正，吾则奇击之。使敌势常虚，我势常实，当以此法授诸将。"听了李卫公的关于奇正变化运用以后唐太宗说：在战场上，我军以奇兵为正兵，敌军注意了对我军奇兵的作战，此时，我军则以正兵攻击之。我军以正兵为奇兵，敌军注意了对我军的正兵作战，我军则以奇兵攻击之。李卫公说，总之，奇正的运用，就是孙子所说的"致人而不致于人。"

关于奇兵与正兵的兵力分配，没有固定模式，也没有固定的数量比例，要因敌、因地、因时、因情而灵活运用。《唐太宗李卫公问对》说："案曹公新书曰：己二而敌一，则一术为正，一术为奇；己五而敌一，则三术为正，二术为奇。此言大略尔。"曹公新书中说，作战中，己军二倍于敌军时，则奇兵、正兵可各占二分之一；己军五倍于敌军时，则正兵可占五分之三，奇兵可占五分之二。这是大概的说法。在实践中，正兵往往占三分之二，奇兵往往占三分之一。

奇正之用，变化无端，不应该也不可能有固定的模式和固定数量的分配。《唐太宗李卫公问对》说，"孙武所谓形人而我无形，此乃奇正之极致。是以素分者，教阅也。临时制变者，不可胜穷也。""吾之正，使敌视以为奇，吾之奇，使敌视以为正，斯所谓形人者"，"以奇为正，以正为奇，变化莫测，斯所谓无形者"。孙武所说的己军以虚假的企图、情况、行动等以有形的方式很自然地展现出来，让敌军知道并信以为真，而将己军的真实企图、情况、行动等切实地隐蔽起，使它没有丝毫形迹可以被敌军察觉，这就是隐真示假，是奇正运用最有效的方式。己军的正兵，使敌军误认为是奇兵；己军的奇兵，使敌军误认为是正兵。这就是"示形"于敌军的战法；实践中，己军以奇兵变为正兵，以正兵变为奇兵，使敌军不可能了解己军的真实情况，这就是"无形"于敌军的战法。所以说，固定的模式与兵力分配，那只是在练兵场上，为了便于实施教练、简阅而采取的方法，并不是一成不变的。在战场上，一定要根据敌情、地利条件、作战时间等随机变化，而且这种奇正变化是永远无穷无尽的。对于这一点，将帅们都需深深熟记。

决战决胜的胆略

将帅统兵进行战争或作战，要具有决战决胜的胆略、智谋、毅力和指挥艺术。《孙子·谋攻篇》："不战而屈人之兵，善之善者也。"国君、将帅在战争或作战之前，运用政治、外交、军事等谋略，实施瓦解、威慑等手段，迫使敌方不战而屈服，以达到或基本达到己方企图，这是善中之最善、好的结局中最理想的结局。《尉缭子》所说的"凡兵有以道胜，有以威胜"[1] 的"道胜""威胜"，也是"不战而屈人之兵"的含义。但是，这是要力争实现的结局，并非是一定能够实现的结局。因而，将帅在同时必须加强战争或作战准备。这种准备，一是可以辅助"不战而屈人之兵"之谋略得以实现；二是在上述谋略不能实现时，能够进行有准备有把握以战屈人之兵的战争或作战。因此，军事谋划与胆略，始终是统兵将帅的决定性素质。

为了决战决胜，将帅首先必须分析判断战争或作战己方能够致胜的条件。《孙子·谋攻篇》："知胜有五：知可以与战不可以与战者胜；识众寡之用者胜；上下同欲者胜；以虞待不虞者胜；将能而君不御者胜。"每当战前，将帅分析判断战争或作战己方能够致胜的条件有五个：根据敌军的兵力多少、装备优劣、军事素质、态势、士气诸因素以及敌己双方对比，判明己军可以与之交战，还是不可以与之交战，就能取得胜利；将帅熟悉兵力多少的正确运用，如有以少胜多、以弱胜强，有时以多胜少、以强胜弱等战法的灵活运用，就能够取得胜利；国君、将帅、校尉、士卒以及民众上上下

---

① 《中国兵书集成》卷一，第372页。

下同心同德、同仇敌忾，齐心协力为赢得战争或为胜利而奋勇向前，就能够取得胜利；在战争或作战之前，预先做好充分准备，以己方的充分准备待敌方的无准备或准备不足，就能够取得胜利；具有优良才能的将帅，受命统军作战，负有对军队作战运筹指挥的使命和全权，国君不加以干涉、牵制，"将在军，君命有所不受"，就能够取得胜利。

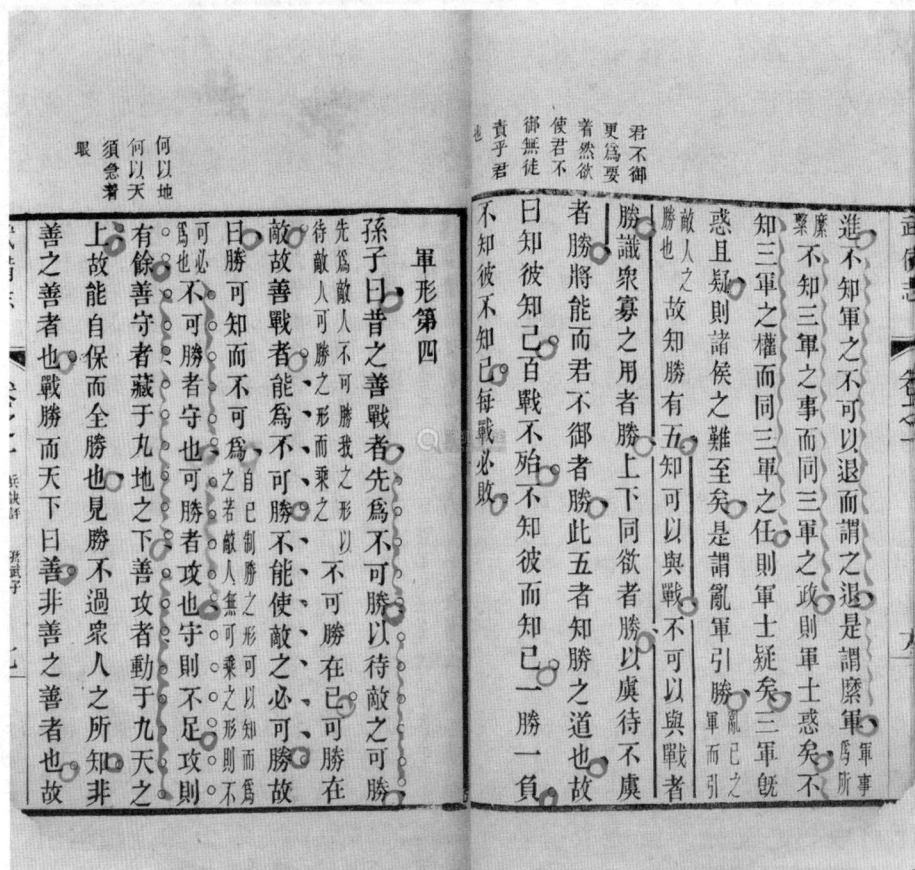

清道光木活字本《武备志》

将帅临战指挥，必须以大智大勇的气势、雄才大略的指挥艺术、决战决胜的坚毅胆略统驭军队全歼敌军。不战则已，战则必胜。为此必先造形、造势，造成决胜的形势。《孙子·形篇·势篇》："称胜者之战民也，若决积水于千仞之谿者，形也。""激水之疾，至于漂石者，势也；鸷鸟之击，至于毁节者，节也。是故善战者，其势险，其节短。势如张弩，节如发机。""故善战者，求之于势，不责于人，故能择人而任势。""故善战人之势，如转圆石于千仞之山者，势也。"将帅统率的决战决胜的军队，一旦投入作战，就好比在"千仞（1仞为8尺，一说7尺）高山深谷间的积水，一旦决开，奔腾咆哮、摧枯拉朽，势不可挡，这就是军队实力与威力的"形"。这个"形"，是军力、军威的"静态与隐态"。处于静态与隐态的军力与军威，一旦投入作战，就能由于突然由静态变成动态，由隐态变成显态而成倍地爆发形成强大的"势"。这就所谓"势伏于形，形动而生势。猛兽将搏必伏其势，鸷鸟将击，必敛其翼，此乃为形。善伏善敛，故发动迅速，无不受其搏击，此乃为势"。[①] 军队一旦投入作战，其攻击的迅猛锐利，就犹如高山决谷奔激而下的洪水那样"疾"不可挡，以至于可以冲垮、漂走岩石，这就是"势"；犹如猛禽捕猎时下冲飞驰之"疾"，无可逃避，以至于将猎物擒杀毁折，这就是出击的"节"，即迅猛短促的节奏。所以善于指挥作战的将帅，临战前要造成险峻威武的"势"，作战时要运用短促快速的"节"，以实现速战速决。军队作战前的这个"势"，犹如拉满弓弦的弩，蓄力待发。军队作战的这个"节"，犹如突扣弩机、箭矢飞射。所以，善于指挥战争或作战的将，总是运用高超的谋略和周密运筹，造成非常有利的"势"。指挥军队作战时，就犹如滚转木石于千仞之高的山巅，使

---

① 《孙子兵法校解》第383页。

敌军措置不及、难以抵挡。

《司马法·定爵》说："凡战，智也，斗勇也，陈巧也；用其所欲，行其所能，废其不欲、不能，于敌反是。"① 凡是进行战争或作战，就是运用智谋、胆略、勇敢决斗和巧妙的阵法战法，鼓舞军队、士卒的意志与士气，发扬其锐气，充分发挥军队、士卒的长处与优势，消除军队、士卒的暮气、惰气，避免军队、士卒的短处与劣势。对于敌军则反其道而行之，即挫败敌方的智谋、胆略、勇敢决斗，击破敌方的阵法、战法，打击敌方的意志、士气，抑制敌军的锐气，利用敌军的短处与劣势，消减敌军的长处与优势：以彻底转变战争局势或战场态势，取得最后胜利。这就要求将帅必须在学习、实践中提高自己的谋略水平和指挥艺术，才能达到。

《尉缭子·攻权》说："战不必胜，不可以言战；攻不必拔，不可以言攻。不然，虽刑赏不足信也。信在期前，事在未兆。故众已聚不虚散，兵已出不徒归。求敌若求亡子，击敌若救溺人。"② 战争或作战没有必胜的把握，那就不可以轻率地进行战争或作战；在进攻作战时，没有攻而必克的把握，那就不可以贸然地发动进攻。战争或作战的企图、决心，是在事前预先谋划设定的，即使己方有胜利的把握，而其实际的结局在未战之前，那也只是预料而并非事实；要使它变成事实，还必须经过艰苦奋斗的决战决胜过程。所以，兵力已经集中，形成优势，作战中不要再分散兵力，以避免形成虚隙，为敌所乘；部队已经出击就一定夺取胜利，以避免徒然劳师动众，损伤锐气。在作战中追搜所要攻击的敌军，要像寻求自己走失的孩子那样急切，追搜不到敌军，决不放弃；向敌军出击，

---

① 《中国兵书集成》卷一，第73页。

② 《中国兵书集成》卷一，第378页。

要像拯救溺水临危的人那样奋不顾身，不将敌军击败，决不收兵。将帅必须学习和实践培养、锻炼这种决战决胜的胆略。《尉缭子》又说："凡集兵千里者旬日，百里者一日，必集敌境。错绝其道，栖其大城大邑。……攻要塞据一城邑，而数道绝，从而攻之。敌将帅不能信，吏卒不能和，刑有所不从者，则我败之矣。敌救未至，而一城已降，津梁未发，要塞未备，城险未设，渠苔（城防用的盾、障等战具）未张，虽有城无守矣。……城邑空虚而资尽者，我因其虚而攻之。法曰：独出独入，敌不接刃而致之"。大凡集中兵力作战，千里行军，十日可达，百里行军，一日可达，集中兵力于敌境，深入敌方腹地，切断敌方交通联系，以迅速攻占敌方重要城池或地方，攻占敌方要塞城池或交通枢纽，断绝敌军所有机动通道，使其孤立而攻击之。由于己军行动快猛，使敌方迅雷不及掩耳，受到巨大威慑、震撼，士卒对其将帅失去信心，官兵瓦解，虽有严厉的刑罚，也不能使官兵服从其命令，己军歼灭这一部敌军是注定的了。敌方救援军队难以开到，此城已降服。由于敌方交通道路未能恢复，其他要塞未做好准备，城池险要未来得及设置，防御战具（盾、障等）未能展开，虽有城池险要，也等于没有守御。敌军防御空虚，补给和援助已经断绝，己军乘虚攻击，正像兵法上所说的，一定能够独出独入，兵不接刃而致敌于败亡。这就是决战决胜的结局，将帅统兵作战，一定要有这种谋划与胆略。

《管子·七法·为兵之数》说："收天下之豪杰，有天下之骏雄，故举之如飞鸟，动之如雷电，发之如风雨，莫当其前，莫害其后，独出独入，莫敢禁圉（yǔ）。"[①] 国君、将帅要收揽天下英雄豪杰之士，练成最精锐的军队，这支军队一旦奉命有所举动，驰如

---

① 《管子》卷二，第5~6页。浙江人民出版社，1987年3月版。

飞鸟，疾如雷电。敌军不能抵挡于其前锋，也不能损害其后队。它能击破敌军，进军敌境，独出独入，敌军不敢阻止。这是决战决胜的军队。

对决战胜最大的危害是犹豫不决。周武王（姬发）与太公（望）问对形式的古籍《六韬·龙韬》说："见胜则起，见不胜则止，故曰无恐惧，无犹豫。用兵之害，犹豫最大；三军之灾，莫过狐疑。善者，见利不失，遇时不疑。失利后时，反受其殃。故智者，从之而不释，巧者一决而不犹豫。是以疾雷不及掩耳，迅电不及瞑目。赴之若惊，用之若狂，当之者破，近之者亡，熟能御之？！"① 将帅预见到有胜利的把握，则奋起而战；预见到没有胜利的把握，则不投入作战，所以说这是既没有恐惧，也没有犹豫。用兵的最大危害，是将帅的犹豫不决；三军的最大灾难，是将帅的狐疑不定。好的将帅，见到有利战机，就不让它失去，遇到有利的作战时机，就毫不犹豫。如果失去有利战机，放过有利时机，反而将使已军遭殃。所以，智慧的将帅，对于有利战机、有利时机，决不放弃，定下决心，决不犹豫，其军队行动，使敌军如疾雷不及掩耳，闪电不及瞑目，进攻时，犹如惊马狂车，当面敌军立即被击破，附近敌军也会被消灭。这样的军队，谁人能够抵挡呢？！

严明赏罚的作风

赏罚严明，有威有恩，这是将帅必须具备的优良作风。也是中国军队自古以来树立的优良传统。军队只有赏罚严明，有威有恩，才能统驭三军，令行禁止，劝优戒劣，劝功戒过，劝进戒退，才能使军队成为有意志、有勇气、有正气、有纪律、有战斗力的军队。

---

① 《中国兵书集成》卷一，第458页。

否则就会成为松弛、涣散、一盘散沙的乌合之众。从西周建立常备军以来的历代军队将帅治军，无不从严明赏罚着手。如，凡是赏罚严明的军队就能打胜仗，反之，就会打败仗，这是一条历史上遗留下来的规律。当然，由于历史的原因，有的时代、有的将帅，采取严刑峻法对待士卒，动辄施以斩戮，那也是不可取法的。

《吴子·治兵》说，军队"以治为胜""教戒为先""不在众寡"。要使军队达到"治"，必须赏罚严明。"若法令不明，赏罚不信，金之不止，鼓之不进，虽有百万，何益于用？！"① 假如将帅军法、号令不严格不明确，不能做到有功必赏、有过必罚，则军队在战场上击鼓不能前进，鸣金不能停止，不能令行禁止，虽有百万之众，又有什么用？！所以必须"法令明""赏罚信"才能使军队达到"治"。"居则有礼，动则有威，进不可当，退不可追。前却有节，左右应麾，虽绝成阵，虽散成行，与之安，与之危，其众可合而不可离，可用而不可疲，投之所往，天下莫当。"② 达到"治"的军队，驻止则有秩序、有礼仪、守规章。行动则有威武雄壮的气势，进攻时敌军不可抵挡，退却时敌军不可追及。进攻和退却都有节制，麾向左则左，麾向右则右，虽处孤立无援境地，仍能部署成阵，虽处分散行动状态，仍能严守战斗序列。这样的军队，可以与之同安共危，它的队伍在任何情况下，都能够按序列有节制地聚合而不可离散，都能够随时投入作战而不可疲惫。这样的军队才能所向无敌，天下莫当。

赏罚严明，首在赏功，次在罚过。《吴子·励士》说："（起）对曰'君举有功而进飨之，无功而励之。'于是（魏）武侯设坐庙

---

① 《中国兵法集成》卷一，第46页。

② 《中国兵法集成》卷一，第46~47页。

廷，为三行飨士大夫。上功坐前行，肴席兼重器上牢；次功坐中行，肴席器差减；无功坐后行，肴席无重器。飨毕而出，又颁赐有功者父母妻子于庙门外，以功为差。有死事之家，岁被使者劳赐其父母，著不忘于心。"① 这是战国初期名将吴起记录的、关于魏国第二代国君魏武侯（？～前370，姬姓，魏氏，名击），在其国都安邑（今山西夏县西北）实行赏功励士的一次仪式。吴起建议魏武侯实行推举有功的士大夫进行赏赐，借以对无功的士大夫予以劝勉激励。魏武侯欣然接受这个建议。举行赏功励士仪式。于是在魏国宗庙的廷堂里，摆下三列坐席，以赏士大夫。上功的士大夫，坐在最前列，馔席均陈列贵重器皿，充以上牢（牛、羊、豕肉）；次功的士大夫坐中列，馔席、器皿差等递减；无功的士大夫坐最后列，馔席不陈列贵重器皿。仪式结束以后，又出来颁发赐品给有功士大夫的父母及妻子于宗庙门外，也是论功行赐，各有差等。对因战事死亡的士大夫家庭，每年还派出使者登门尉劳赏赐，予以表彰，使人们永不忘怀死者。魏武侯赏功励士的政策贯彻推行，取得显著效果："行之三年，秦人兴师临于西河（按，即风陵渡以北黄河），魏士闻之，不待吏令，介胄而奋击之者以万数。"

吴起，战国名将。卫国人，生年不详。早年为孔子弟子曾参的学生。后弃儒学武，研读兵书，注重改革，先在鲁国为将时，曾击败齐军。后到魏国，被魏文侯任用为将。大破秦军，夺取秦河西五城，任西河守。后遭谗言，逃往楚国，任宛（今河南南阳）守，旋任令尹，赏管楚国军政大权，曾"南平百越，北并陈、蔡，却三晋，西伐秦"（《史记·孙吴列传》）。公元前381年，被反对改革的楚贵族所杀。

① 《中国兵法集成》卷一，第59～60页。

赏罚严明，重赏轻罚，先爱后威，这是中国历代名将之法。《孙子·地形篇》："视卒如婴儿，故可与之赴深谿；视卒如爱子，故可与之俱死。"

《孙子·行军篇》："卒未亲附而罚之，则不服，不服则难用也。卒已亲附而罚不行，则不可用也。"将帅看待所属士卒，就像是看待婴儿一样地爱惜，那么士卒就可以与你共赴患难而不退缩。将帅看待所属士卒，就像对待自己的爱子一样地抚慰爱护，那么士卒就可以与你同生共死而不畏惧。这都是由于将帅爱兵之至，引起士卒们对将帅从内心"亲附"的表现。假如士卒对将帅尚未"亲附"，将帅对他们实行惩罚，他们是不会心诚悦服的；他们不心诚悦服，就难以为将帅用命。但是，假如士卒对将帅已经"亲附"，而对他们的过失或触犯军法的行为，却徇情不罚，那士卒也是不可为将帅用命的。孙子关于"亲附""赏罚""可用""难用"辩证关系的论说，可谓精到而透彻了。

赏罚严明，必须做到赏不遗仇，罚不避亲；赏不私亲，罚不重仇；赏不遗贱，罚不避贵；赏善无微，罚恶无纤。《卫公兵法辑本·将务兵谋》说："尽忠益时，轻行重节者，虽仇必赏；犯法、怠惰、败事、贪财者，虽亲必罚。服罪输情、质直敦素者，虽重必舍；游辞巧说、虚伪狡诈者，虽轻必戮。善无微而不赞，恶无纤而不贬。斯乃励众劝功之要求。"[①] 忠于职守，为军队的胜利或成功作出有益贡献，看轻名位待遇、看重名节的士卒，虽仇必赏；违纪军法、懒惰松懈、败事、贪财的士卒，虽亲必罚。犯罪服罪、坦白罪情、本质端正、忠厚朴实的士卒，其罪虽重，罚必从轻，甚至免罚；到处花言巧语、虚伪狡诈，以图为己并脱罪过的士卒，其罪

① 《中国兵书集成》卷四，第321～322页。

虽轻，也必须杀掉。微善亦赞，丝恶亦罚，这是劝诚激励的重要方法。赏罚必须得当，李靖说："赏罚不在重，在必行，不在数，在必当。""威克其爱，虽小必济，爱胜其威，虽多必败。"卫公李靖进一步阐述将帅对"爱""威"掌握、运用的适度，就能发挥它应有的作用。如果惩罚适当，使"威"克服了"爱"，不徇私情，事情及其影响虽小，也必须对维护军法军纪有好处，必然能发挥劝诚的作用。如果赏赐不适当，使"爱"胜过威，徇情枉法，虽然"爱"得很多，也必然败事、败军。

赏罚严明，将帅必须以身作则，自己有过必须受罚，不能宽己严人。李靖举出"马逸犯麦，曹公割发而自刑"①的事例，加以说明。曹操在一次行军途中，其乘马突然跑入麦田，践踏了麦子，曹操当众用佩剑割断头发以自刑。

---

① 《中国兵书集成》卷四，第322页。

第二辑 中国近代海军教育

(清末海军、中华民国海军)

戚继光

第一章 清末海军教育

　　清末海军教育包括海军学校教育、海军留学生派遣和海军部队教育训练，而重点是海军学校教育，即海军初级指挥军官和初级专业技术军官的学校教育培养。

江南水师学堂官生

1908年，辰宇舰船员合影，已经是现代军人形象。

1888年，北洋海军的成军，标志着清末海军进入正规建设阶段，其领导、指挥、教育训练等方面的规章制度的建立与实行，是以《北洋海军章程》的颁行为开端。其他如南洋水师、广东水师等地区性舰队的建设、教育训练，都是以《北洋海军章程》为依据进行的。

清末海军教育，贯彻"中学为体，西学为用"的教育思想，引进西方先进的海军科学技术，仍以为维护清廷封建统治为目的。

1896 年福州船政大臣裕禄奏请选派的第四批海军留学生

《北洋海军章程》^① 摘辑

　　《北洋海军章程》（以下简称《章程》），是中国海军历史上的第一部法定《章程》。这一部《章程》，是北洋海军奉命，并由右翼总兵刘步蟾参加拟订，于光绪十四年八月二十五日（1888年9月30日）由海军衙门上奏，二十八日（10月3日）清廷批准颁行。奏折中称："溯自十二年（按，1886）四月间，臣奕譞（按，海军大臣）前赴北洋，乘轮出海，自大沽周历旅顺口、威海卫、烟台各要隘，简阅巡查。是时，北洋可备战阵者，只"定远""镇远""济远"三铁甲舰，"超勇""扬威"两快船，余者仅供练运。规模虽具，尚未成军。去岁，续订英、德之四快船（按，"经远""来远""致远""靖远"）到津，合旧有之蚊、雷等船，经营裒（póu）益，计得大小二十五艘，声势已壮。……惟不详定章程，断难垂诸永久。臣奕譞与臣李鸿章往返函商，就现支之经费，划作在船官兵匠役俸饷、薪粮及煤、油、修造等款。并拟将管带、驾驶各员，均作为实缺定额，以专责成。……谨将船只之第等，官弁、兵丁、匠役之额数，俸饷、杂支之数目及如何升擢、如何简阅，分门别类，督饬臣衙门总办章京（按，海军衙门官员，大臣的

---

① 《北洋海军章程·附录》第34页。

重要助手）等会同直隶按察使周馥，悉心考核，编辑成帙，计分十四款，列为六册，进呈慈览，恭候钦定。如蒙俞允发下后，臣等遵奉刊刻颁行"。

《北洋海军章程》分为十四款：船制；官制；升擢；事故；考校；俸饷；恤赏；工需杂费；仪制；钤制；军规；简阅；武备；水师后路各局。

第一款 船制

"查海军战舰以铁甲为最，快船次之，蚊炮船为守口之用，鱼雷艇为辅助战守各船之用；至教练员弁、兵丁，须有练船，转输饷械，须有运船，侦探敌情，须有信船，皆所以辅战舰之用者，缺一不可。""俟库款稍充，再添大快船一艘，浅水快船四艘，鱼雷快船二艘，庶战舰可敷用。另添鱼雷艇六艘，练船一艘，运船一艘，军火船一艘，测量船一艘，信船一艘，合之原有者，共得战船十六艘，雷艇十二艘，守船六艘，练、运等船 八 艘，共大小四十三艘"。（按，《章程》的这一"规画"，特别是快船，即巡洋舰、驱逐舰的"规画"，未能实现。）

战 船

"镇远"铁甲舰，舰员三百二十九名。计有：总兵管带一名；游击副管驾一名；都司帮带大副一名；守备驾驶大副、鱼雷大副、枪炮大副、炮务二副各一名；千总船械三副一名；舢板三副一名；把总正炮弁、正巡查、水手总头目各一名；经制外委副炮弁四名、副巡查一名；游击总管轮一名；都司大管轮二名，守备二等管轮二名；千总三等管轮三名；把总鱼雷管轮二名，舱面管轮三名；水手正头目八名，水手副头目十名，一、二、三等水手共一百四十名；一、二等管旗共六名；鱼雷头目三名；升火头目六名，一、二、三等升火共五十二名；一、二等管舱各一名；一、三等管油共十八名；管家具三名；一等管汽九名；油漆匠一名，帆匠一名；木匠头目一名，一等木匠三名；电灯匠一名；锅炉匠一名；铁匠、铜将各一名；洋枪将一名；鱼雷匠二名；夫役十六名；二、三等文案兼支应委官各一名；二等医官一名；病号房司事一名。教习、学生无定额。

"定远"铁甲舰，舰员编制，与"镇远"铁甲舰同。

致远号装甲巡洋舰

"致远"巡洋舰，舰员二百零二名。计有：副将管带一名；都司帮带大副一名；守备鱼雷大副、驾驶二副、枪炮二副各一名；千总船械三副、舢板三副各一名；把总正炮弁、水手总头目各一名；

经制外委副炮弁三名、巡查一名；都司总管轮一名；守备大管轮二名，千总二等管轮二名，把总三等管轮二名；水手正、副头目共十六名；一、二、三等水手共八十名；一等管旗一名，二等管旗三名；鱼雷头目二名；一、二、三等升火共三十八名；二等管舱一名；三等管油六名；一等管汽六名；油漆匠一名；木匠头目一名，二等木匠二名；电灯匠、洋枪匠、锅炉匠各一名；鱼雷匠二名；夫役十二名；三等文案兼支应委官一名；三等医官一名。教习、学生无定额。

致远舰部分官兵

"济远""靖远""经远""来远"巡洋舰舰员编制，均与"致远"巡洋舰同。

"超勇"巡洋舰，舰员一百三十七名。计有：参将管带一名；

守备帮带大副一名；千总驾驶二副一名，把总船械三副一名；正炮弁一名；经制外委副炮弁一名；都司总管轮一名，守备大管轮一名，千总二等管轮二名，把总三等管轮一名；水手正、副头目共十二名，一、二、三等水手共六十名；一等管旗一名，二等管旗二名；一等管油一名；一等管汽一名；一、二等升火头目共四名，一、二、三等升火共二十七名；木匠头目一名，二等木匠二名；锅炉匠一名；铁匠、铜匠各一名；夫役十名；三等文案兼支应委官一名；三等医官一名。教习、学生无定额。

"扬威"巡洋舰舰员编制，与"超勇"巡洋舰同。

左队一号鱼雷艇艇员二十九名，计有：都司管带一名；千总帮带大副一名，把总帮带二副一名；千总正管轮一名，把总副管轮一名；一、二等舵工共三名；一、二等鱼雷兵共十二名；一等升火头目一名，一、三等升火共四名；伙夫一名。

左队二号、左队三号、右队一号、右队二号、右队三号等鱼雷艇，艇员编制各二十八名，均比左队一号鱼雷艇少配帮带二副一名。

守 船

"镇中"蚊炮船，舰员编制五十五名。计有：都司管带一名；千总帮带大副一名；把总驾驶二副一名；经制外委炮弁一名；千总大管轮一名，把总二管轮二名；水手正、副头目共五名，一、二、三等水手共二十六名；二等管旗二名；一、二等升火共六名；二等管油一名；二等管汽一名；一等木匠一名；夫役三名；三等文案兼支应委官一名；三等医官一名（与"镇东"蚊炮船共配一名）。

"镇边""镇东""镇西""镇南""镇北"蚊炮船，各舰舰员编制，均与"镇中"蚊炮船船员编制同，其中三等医官一名，

"镇东"与"镇西"、"镇南"与"镇北"各对舰合配一名。

练 船

"威远"练船，舰员编制一百二十四名。计有：游击管带一名；守备帮带大副一名；千总驾驶二副一名；把总船械三副一名、正炮弁一名、水手总头目一名；经制外委副炮弁一名；守备大管轮一名，千总二等管轮一名，把总三等管轮一名；水手正头目八名，一、二、三等水手共六十名；一等管旗一名，二等管旗一名；一、二等升火共十四名；一等管油一名，二等管油一名；二等管汽一名，三等管汽一名；木匠头目一名，二等木匠三名；锅炉匠一名；洋枪匠一名；夫役十七名；三等文案兼支应委官一名；三等医官一名。教习、学生无定额。

"康济"练船，舰员编制与"威远"练船同。

"敏捷"练船（夹板船），舰员编制六十名。计有：游击管带一名；守备帮带大副一名，操练大副一名；千总驾驶二副一名；把总船械三副一名，水手总头目一名；经制外委炮弁一名；水手正、副头目十名，一、二等水手共三十名；一等管旗一名，二等管旗二名；一等木匠一名，二等木匠一名；夫役六名；三等文案兼支应委官一名；三等医官一名。教习、学生无定额。

练勇学堂，学堂官兵编制十四名，另炮目练勇二百七十名。计有：都司督操一名；千总操练大副一名；把总正炮弁一名，水手总头目一名；经制外委副炮弁一名；水手正头目三名；夫役四名；三等文案兼支应委官一名；三等医官一名。教习无定额。另正、副炮目二十名，一、二、三等练勇二百五十名。

运船

"利远"运船，舰员编制五十七名。计有：游击管带一名；守备帮带大副一名；千总驾驶二副一名；把总船械三副一名，正炮弁一名；守备大管轮一名，千总二等管轮一名，把总三等管轮一名；水手正、副头目共六名，一、二等水手共二十名；一等管旗一名，二等管旗二名；一、二等升火共十名；二等管油一名；二等管汽一名；一、二等木匠共二名；夫役三名；三等文案兼支应委官一名；三等医官一名。

提标（按，提督衙门）

编制官兵五十八名。计有：提标中军参将一名，管理承上启下一切事件，监视操练，核记功过，稽查全军粮饷收放，总管全军资俸名册；督队船随提督员弁四十五名，计有：都司大副一名，千总、把总委官共八名（公派威海、旅顺两港巡查），管旗头目一名，一等管旗三名，书识六名，亲兵二十名，一等文案二名，二等文案二名，翻译官一名。全军轮机事务：参将总管轮一名，书识一名。全军军械事务：游击一名，守备帮理一名，书识二名，亲兵六名。

第二款 官制

提督

一名。统领全军操防事宜。归北洋大臣节制调遣。在威海卫地方衙或建公馆办公，另在旅顺口办公屋一所。总兵官以下不准在岸上建衙署、公廨。

总兵官

二名。左营总兵兼管中营，管带"镇远"铁甲舰；右翼总翼总兵兼管中营，管带"定远"铁甲舰。

副将

五名。分别管带"致远""济远""靖远""经远""来远"巡洋舰。

参将

四名。分别管带"超勇""扬威"巡洋舰，提标中军和提标总管轮。

游击

九名。分别管带"威远""康济""敏捷"练习舰和"利远"运输舰，"镇远""定远"铁甲舰副驾驶和总管轮，提标全军军械事务。

游击九名。分任铁甲舰副管驾，练习舰、运输船管带等。

都司

二十七名。分任督队船大副，"镇远""定远""致远""济远""靖远""经远""来远""超勇""扬威"等舰帮带大副、总管轮、大管轮，六"镇"炮舰管带，鱼雷艇左队一号管带等。

守备

六十名。分别任各舰帮带大副、鱼雷大副、驾驶大副、驾驶二副、枪炮大副、枪炮二副、操练大副、大管轮，鱼雷艇左队二号，右队一、二、三号管带。

千总

六十五名。分任装甲舰、巡洋舰船械三副、舢板三副、二等管轮，炮舰帮带太副、大管轮，鱼雷艇正管轮，练习舰驾驶二副、二等管轮等。

把总

九十五名。分任装甲舰、巡洋舰三等管轮、正炮弁、船械三副，炮舰驾驶二副、二等管轮，鱼雷艇帮带大副、副管轮，练习舰和运输舰船械三副、三等管轮等。

经制外委

四十三名。分任装甲舰、巡洋舰巡查、副炮弁，炮舰炮弁，练习舰与运输舰副炮弁等。

第三款 升擢

战官升擢

战官由水师学堂出身，能充任管带及大、二、三副等职，才艺兼备。凡海军学生出身，在水师学堂学习四年期满，考列优等，选登练习舰学习一年，考验中式，咨部以把总候补。再逾一年，考验中式，保送回水师学堂学习六个月，练习舰枪炮练习三个月，如列一等，保以千总候补。在舰队任职各缺，由其下一级候补或实缺中递先递。凡总兵缺出，在实缺副将内，择其在外海战舰供职已满三年，且劳绩最多、人缺相宜者，由北洋大臣开单咨会海军衙门请示简放。凡提督缺出，在实缺总兵内，择其资深劳多、勋望素著者，由北洋大臣咨会海军衙门，请旨简放。

艺官升擢

由水师学堂管轮学生出身，在学堂习数几何、代数、三角、物理化学（格致）、轮机，考列优等，派往轮机制造厂实习，由战船管带（副将、参将）会同全军总管轮官考试合格，以把总管轮候补。管轮职衔由千总一直到参将，自任把总之日起，任职年限定为二十年，在此期限内，不准无故告退。每次升补实缺，均须经过考试，列为优等。

弁目升擢

正副炮弁，专管教练枪炮。副炮弁由二等炮目考验升擢；正炮弁由副炮弁或一等炮目升擢；正巡查、副巡查，水手正头目、水手副头目的升擢亦同此法。

第四款 事故

凡海军官员的丁忧、病假、终养等事项，由北洋大臣查照定例和旧制，酌核办理。

第五款 考校

招考学生

中国欲振兴海军，此为先务。北洋海军现有所调船政学堂优等学生，已不敷所用，船可以随时购造，而将材非可以仓促而得。每一学生，髫年受学，计其在学堂、在练习舰学练，非十年不能成就；而中间除去因事故剔退、或资性平庸难当重任者以外，所得人材不过十之五。所以宽定学员名额，优加奖励，才能使士多奋发，人材充足，张威于海上。

凡挑选学生，须身家清白，身无疫病，耳目聪明，口齿清爽，文字清顺，年在十四岁以上十七岁以下，已读二三经能作论及小讲半篇者，准其父兄觅具保人，送考验。如能合选，留堂习英文三个月，由堂中总办大员甄别，择其聪俊者肄业，名为海军官学生。凡初选学生到堂，第一年秋考，如不中式，即行剔退。第二年秋考，如不中式，准其展限六个月，俟至次年春季再考，如又不中式，即行剔退。

学生在水师学堂四年，应学习功课有：

1. 英国语言文字；

2. 地舆图说，海图识别、使用；

3. 数学，学至开平方、开立方；

4. 几何；

5. 代数，包括对数表法；

6. 三角，包括平面三角，球面三角（弧三角）；

7. 舰艇驾驶法；

8．测量天体法，推算经纬度法，天文定位法；

9．物理，重力学；

10．化学。

学生在水师学堂学习四年，由北洋大臣主持进行大考，择其考试中式者，派上练习舰，练习一年，凡舰炮、洋枪、刀剑、操法、弹药、上桅、结绳、驶帆诸法，以及舰艇上应习诸艺，皆能通晓，春考、秋考皆能中式，准保以把总候补。其春考、秋考内容有：

1．数学、代数；

2．几何；

3．三角、平面三角、球面三角；

4．舰艇驾驶法；

5．天文航海法；

6．海图绘画；

7．流体力学；

8．英文；

9．汽体力学；

10．诸学难题。

凡考试学生驾驶、天文航海、应测太阳、太阴（月亮）、经星、纬星等各高弧度，月离、经星、太阳各度数，以推算本地经纬度、度时表时刻、罗经差。其中：经星，指二十八宿恒星，其相对位置不变，北极星是经星之长；纬星，指行星，火星为之长；月离，指月亮离开太阳或离开经星的度数。

凡考试学生船艺、舰炮学、汽力学等三项，由带督同帮带大副、枪炮大副、管轮官进行考试。其数学、驾驶两项，由驾驶大副考试。学生考卷、分数，由管带呈送提督评定等级，发榜公布，并报北洋大臣备案。

水师学堂学生已保把总候补后，应考试课程有：

1. 求仪器差法；

2. 求纬度法（用太阳、太阴、经星子午高弧度法等）；

3. 求经度法（用太阳、太阴、经星及度时表时刻法等）；

4. 求度时表差及日差率（用单高弧度、等高弧度法）；

5. 求罗经差法（用太阳高弧度、真时并盘向法，太阳出入地平线经度法）。

候补把总在练习舰又练习一年，经春考、秋考中式者，送入水师学堂再学习六个月，考试其舰艇驾驶法，如不中式，即扣除资格三个月，俟补习一个月后，补考，如仍不中式，即行革退。其舰艇驾驶法考试科目有：

1. 代数

2. 几何；

3. 三角；

4. 力学、静力学、动力学；

5. 物理，仪器；

6. 机械学；

7. 英语；

8. 气象学；

9. 舰艇驾驶学；

10. 天文学；

11. 测量学；

12. 仪器使用法；

13. 测天，求纬度，求度时表差，求罗经差。

候补把总在水师学堂学习六个月期满，考试中式者，即调入练习舰练习枪炮三个月，如考列一等，即保以千总候补；列次等者，为尽先候补把总，分派各舰艇差遣实习，遇升补把总。

考校官弁

凡各舰管带，大、二、三副，皆由水师学堂出身，在职仍须学习，扩展新知。每年夏季，饬水师学堂拟订航海课题，分别测试，并将试卷由水师学堂评定等级，报北洋大臣，分别记奖或记过。

招考练勇

海军练勇，是备补兵员。北洋海军惯例招考并保持练勇二百五十名。遇有各舰艇水手因故有缺额时，即在练勇中选补。练勇的来源，系沿海地区的船民、渔民的年轻合式者，随缺随募。练勇的招考，有定章可循。

凡招募练勇，须年满十六至十八岁，身高四尺六寸至四尺七寸（约1.47～1.5米），略识文字。

凡招募练勇，须由练勇学堂督操官、或练船管带，会同驾驶大副、医官等三人检查合格，并须由其父、兄出结（或保人出结），订明年限，然后录用。

凡练勇初上舰，为三等练勇。在舰上习练一年，经考试中式，由管带取升其为二等练勇。三等练勇考升二等练勇须考试的技艺，有：

1. 舰上各部位名称，绳索名称，结绳、接缆法；

2. 舰上帆的各部位、各工具名称，张帆、缚帆、开帆法；

3. 缝帆、帆沿打马口法；

4. 荡舢板;

5. 操舵;

6. 泅水;

7. 操炮,操枪、刀、剑。

凡二等练勇考升一等练勇,年龄十九岁以上。主考官有都司(守备)、驾驶大副、枪炮大副、炮弁各一员。考试中式者,由管带取升为一等练勇。二等练勇考升一等练勇须考试的技艺,有:

1. 船艺:荡桨、操舵、量水深、结绳、接缆、抛缆、张帆、叠帆等法;

2. 枪炮:舰炮操法,枪、刀、剑操法。

考升水手

凡舰艇遇有三等水手缺出,须在练习舰一等练勇内调补,不必考试。

凡舰艇遇有二等水手缺出,须在练习舰三等水手内考升,年龄在十九岁以上,其应考试项目,与以上二等练勇考升一等练勇相同。

凡舰艇遇有一等水手缺出,须在二等水手内考升。由枪炮大副为考官,考试各种炮手操作法,并能下达口令操演枪、刀、剑法,方为中式。

凡水手副头目缺出,须在一等水手中考升。由枪炮大副为考官,考试项目有:操舵、量水深、修帆、结绳索、枪炮操作法。

凡水手正头目缺出,由水手副头目推升。

考升炮目

凡一等水手，年龄三十岁以下，熟悉舰炮、枪、刀、剑操作法，平时进行过实弹射击操演，略识文字，即可应考炮目，由练习舰枪炮大副主考，由练习舰管带录取。

凡一等炮目，由一等水手考试充任，或由二等炮目升转。

考充当差兵匠

凡正管旗，由副管旗推升。

凡副管旗，须招考年龄十五至十七岁，粗识文字者，在舰艇上学习舰艇部位、帆缆、枪炮、罗经、水程表、湿度计、寒暑表、通语旗号、升旗规则、号炮章程、灯号、雾号、手号、枪炮操法等。

凡正副管舰，由水手中择其识字、知算并熟悉船上器械、工具者考充。

凡鱼雷头目，由水手副头目、或一等水手中曾学习鱼雷匠艺并熟悉操放鱼雷者考充。

凡鱼雷匠，由鱼雷局匠役中选充，或由舰上铜、铁匠学习过鱼雷者考充。

凡正管油，由副管技术优等者推升。

凡副管油，由升火头目或一等升火中熟悉轮机者推升。凡管汽，由副管油、或升火头目、或一等升火中熟悉锅炉水管者推升。

凡升火头目，由一等升火中技术优等者推升。

凡副管油、管汽、升火头目遇有缺出，而舰上又无人可以升补时，可由船厂、船坞匠役和商船雇用工人中，招其技艺优等者考验充补。

凡一等升火，由二、三等升火技术优等者递升。

凡二等升火，须招收年龄在十六至二十岁者充当。

凡轮机船管工具者，择升火中识字、知算并熟悉舰上各项器具、材料者考充。

凡电灯匠、锅炉匠、铜匠、铁匠、洋枪匠、油漆匠、木匠等，或由船坞选充，由向外招募其技艺优长者充补。

凡木匠头目，须在舰上做木工多年、技艺优等者中推升。

凡帆匠，或由外募，或由水手中熟悉制帆工艺者中考充。

第六款　俸饷

"兵船将士终年涉历风涛，异常劳苦，与绿营水、陆情形迥不相同，不能不格外体恤，通盘筹计。拟请仍照北洋现发薪饷银数作为范围，衡度事任，略有增损。而以其数划分十成，以四成为本官之俸，视官职大小而定；以六成为带船之俸，视船只大小而定。其兵匠、夫役之月饷，差员之薪粮，行船之公费、医药费，亦照现发银数为定额。至官弁之老病俸、兵丁之加赏、酬应之公费，并参酌中外情形，薄定其数。自提督下至兵役，均仍加闰扣建。"

官弁俸银

凡实缺官员带职者，全支官俸，并全支船俸。凡署事官员带船者，支官俸一半，并全支船俸。凡实缺官员不带船者，如派在岸当差或因公离任，准支本任官俸之半，不支船俸。凡实缺官员，如因病请假他往，或遇有事故回籍，暂离本任，未经开缺者，在半年以内，准支官俸之半，半年以外，即行停支。其船俸非在船不准支给。凡海军游击以上官员，俸历已满六年，无缺可升，已由北洋大臣保以应升官阶开缺候补，仍留北洋当差者，准照保升之官阶，支食官俸之半。凡兵船大副以下人等，如奉提督饬令与别船员弁暂行调换操练，仍应各食本俸，不得作为调署。凡各船管带官及管轮官，责任最重，无论实缺、署事，于例支官俸之外，兼支船俸全分。凡充各船大、二、三副，弁目等，襄助管带，责任稍轻，无论实缺、署事官员，于例支官俸之外，兼支船俸三分之二。

凡提标各官，除全军总管轮照管轮官员支船俸全分外，其余专供差委，无论实缺、署事，于例支官俸之外，兼支船俸三分之一。凡经制外委皆弁目无充管带管轮者，其船俸具准支食全分，不再扣减。

官弁伤废俸

凡提督以下守备以上官员，临阵受伤成废，或因公受伤成废，或在海军供职逾十五年，积劳成疾不能做官当差者，均于开缺后，给予一年官俸，以资养赡。并按原籍省分通路远近，酌给川资银两。凡千总、把总、外委人员，临阵受伤成废，或因公受伤成废，或在海军供职逾二十年，积劳成疾不能做官当差者，或未满二十年，而曾经著有战绩，积劳成病不能做官当差者，均于开缺后，给予一年官俸，以资养赡。并按原籍省分道路远近，酌给川资银两。

兵丁加赏

凡各船水手人等，当差勤奋，异常得力，准由管带官禀明提督，每日加予赏饷银一分，或递加至二分、三分，仍以加至三分为止。每船水手百名之中，有赏饷者不得逾八名。此项赏饷，按现在北洋各船统计，每月不得逾三百两。

行船公费

行船公费一项，系查照前船政大臣沈葆桢奏定章程。除各船水线以下船底油漆、天棚、炮罩、帆布、绳索、通语旗帜、铜、钢、铁、木等，必须添置、修整费用，均须上报明验估算另行核准发给，所需煤炭、弹药须随时具领以外，其水线以上舱室内外应用油、漆、纸张、棉纱、砂布、淡水、起煤上船、雇人引港、更换国旗、号衣、购买零星物品，管带官自募幕僚、书识等，均由管带官按月所发行船公费内支用，不准另行开支。各舰艇月行船公费定额为：

"定远""镇远"，各月支银八百五十两；

"济远""致远""靖远""经远""来远"，各月支银五百五十两；

"超勇""扬威"，各月支银三百二十两；

六"镇"，各月支银一百五十两；

"威远""康济"，各月支银三百两；

"敏捷"，月支银一百五十两；

"利远"，月支银二百两。

以上均加闰扣建。

医药费

凡各舰员弁、兵夫，有在舰患病、公伤、战伤者，均在各舰医药费中开支，不准另行报销。各舰医药费定额为：

铁甲舰，各舰各月支银三百两；

巡洋舰、练习舰，各舰各月支银二百两；

炮舰、运输舰，各舰各月支银一百两；

练勇学堂月支银一百两。

以上具不加闰扣建。

酬应公费

北洋海军，凡遇万寿圣节、元旦、冬至，均设筵庆贺，与外国兵船聚会，亦依礼应酬，以联络邦交。北洋海军全年应酬公费定额为每年支银三千两，不加闰扣建。

第七款 恤赏

舰员病故、阵亡恤银，照左宗棠奏定章程，除管带官恤赏归该奏案办理、兵勇每名给银八两外，其大副以下人等，遇有积劳成疾在船身故者，按一个月薪粮给发恤赏；其因病离船尚未开缺旋即身故者，减半给发；有在洋被风飘没及阵亡、伤亡者，加倍给予两个月薪粮恤赏。

第八款 工需杂费（略）

第九款 仪制（冠服、相见礼节、国乐、军乐、王命旗牌、印信）。（略）

第十款 钤制

北洋海军提督有统领全军之权，凡北洋舰船，无论远近，均归其调度。北洋海军统受北洋大臣节制调遣。

北洋海军提督，无论在何海口，该口兵船一概听从提督一人之令，总兵不得与提督平行。其中军，左、右翼及鱼雷艇，练、运各船管带官，皆不得自出号令。

北洋海军提督他往，则听左翼总兵一人之令；如右翼总兵亦他往，则听右翼总兵一人之令；如右翼总兵亦他往，则听副将之令；同为副将，则听资深副将之令；应分中军，左、右翼以次递推。练习舰、运输船，不分官职大小，俱听战舰之令；战舰他往，则运输船听练习船之令。

各舰管带官有管理全舰之责，凡舰上大、二、三副，管轮官，不论衔职大小，均听其管辖调遣。凡管轮官所用管油、升火匠夫人等，鱼雷大副所用鱼雷匠兵人等，倘有违误，应行惩责等事，均报管带官处治。

各舰副管带及大、二、三副，有帮同管带官管理全舰之责，如奉管带官之令查办事件时，其他官员不得擅自阻碍。

文案、支应、医官、学生等人，均听管带官之令；学生兼听管带官所用教习之令。

水手出身已保千总、把总之弁目，应听水师学堂出身千总、把总之令。

所有搭乘军舰官员。俱听管带官之令。

沿海陆路水师文武大员，如无节制北洋海军的明文授权，军舰官员一概不得听其调遣，以免借词贻误军事。

第十一款 军规

军舰管带官如违犯军令，由北洋海军提督秉公呈报北洋大臣核办。轻者记过，重者分别给予降级、革职、撤任处分。记过一次者，停资（历）一个月；记过二次者，停资（历）二个月；记过三次者，停资（历）三个月。遇应推升时，按扣除停资（历）月数计，资（历）不足者，不得推升。

军舰管带之属官，游击以下守备以上人员，如违犯军令由管带秉公究办，轻者记过、停资（历），重者禀请提督究办，分别给予降级、革职、撤任处分。如有酗酒、聚赌等事，由管带一面先行监禁，一面禀办。

副将以下守备以上人员，如受过降级、革职处分，仍留任者，只作为署事，官俸只给一半；若本人原系署事人员，官俸则只给四分之一；所有船俸准予照支。

船上属官千总以下人员，由水师学堂出身者，如违犯军令，由管带官分别轻重，酌予记过、停资（历）、降级、革职、撤任处分，与惩办守备以上人员同。但降级、革职、撤任等处分，须事先禀请提督批准。

舰上属官千总以下人员，由水手出身者，如违犯军令，由管带官酌予棍责，不予记过、停资（历）。情节严重者，分别给予降级、革职、撤任处分，须事先禀请提督批准。

舰上头目、水手及一切无官职人等，如违军令，由管带官分别轻重惩处。或禁假，或鞭责，或械击，或革退。

舰上水手逃亡者，拿回鞭责八十，监禁一个月；临阵逃亡者，斩立决。

舰上官弁、兵匠，如损坏器械、军火等，由提督、管带、督查官讯明，确系疏懒不慎者，分别轻重，令其赔偿；如属有意破坏者，按军例从重治罪。

舰上官弁人等，违犯军令，按照以上各条相应惩治外，如犯有其他不法事件者，由提督等援引《会典》所载雍正元年钦定军规四十条参配处理。

第十二款 简阅

海军各舰大副、二副，应逐日轮派一人当值，将天气、风云、水势、航泊时刻、操演次数等，凡有关操防（按，日常战斗勤务）巨细事务，概行登记日册（按，航泊日志）；管轮官将轮机运转情况、日用煤、油等料若干，有无事故，亦概行登记日册；由管带官随时稽察。如有错漏，小事记过一次，大事记过两次，或酌量惩办，均报提督以备查考。

各舰操防事宜，由提督、分统官、总教习提督派遣大员随时查验。如有错漏，将对该管带官、专管官一并分别记过；如有因此而贻误军机者，由提督处置。

各舰每日小操，由各该舰管带官自记功过；每月大操一次，每两个月全军会操一次，均由提督亲自校阅，分别功过，酌量赏罚。

北洋海军每年必须与南洋水师会操一次。

北洋海军每年必须与南洋水师会哨一次。

北洋海军提督于每年立冬以后小雪（11～12日）以前，统率铁甲舰、巡洋舰，开赴南洋，会同南洋水师巡哨江苏、浙江、福建、广东沿岸要隘，以资历练。或巡历新加坡以南海区，至翌年春分（3月下旬）前后返回北洋。各舰将会哨、巡历的日期、地方、操练情形，由左、右翼总兵、中军副将等详登日记（航泊日记），上呈北洋海军提督报北洋大臣，并资送海军衙门，以备查考。

北洋海军与南洋水师各战舰的号令应行统一，以便可分可合。目前南洋水师舰艇尚少，未专设提督。每年春分（3月下旬）以后，南洋水师的巡洋舰"南琛""南瑞""开济""寰泰""镜清"等，由海军衙门调归北洋合操，并归北洋海军提督节制。北洋大臣可随时简阅。秋分（9月下旬），南洋水师上述各舰仍回南洋巡练。

刘公岛上的北洋海军大营西辕门遗址

北洋海军，每年春、夏、秋（2～10月）在近海操练巡哨，操巡海区可及于奉天（今辽宁）、直隶（今河北、天津）、山东、朝鲜半岛以及日本海、北太平洋等海区。所有操巡海区，由北洋海军提酌定，并先期请示北洋大臣核准。所有操巡情形，须报北洋大臣查考。

军舰奉海军衙门、北洋大臣派遣往有约各国出访，并借以操练远洋航行与其他技能，应将所历地方、海区的形势，商民情形、每日操练等详登日记，呈报北洋大臣转报总理海军衙门备查；并由北洋大臣分别记功、记过。出访舰每到一国抵埠后，如距钦差大臣、领事馆住地不远时，应即往见并询商有关事宜。还应依照各国通行礼节，拜谒该地外国有关官员，以联络邦谊。倘遇华侨商民遭受危急等事，非奉钦差大臣、海军衙、北洋大臣电示，不准率自派兵登岸涉及此事。

北洋大臣每年对北洋海军海上阅操一次，对副将以下官员，择其优者存记给奖；头目以下赏功牌、顶戴。

每逾三年，由总理海军事务王大臣请旨特派大臣，会同北洋大臣，对北洋海军进行海上校阅一次。择其操练勤熟、曾远涉外洋、办事妥洽，能耐劳苦者，照异常劳绩酌保；其次者，照异常劳绩附保；对不称职者，分别记过、降罚。在海上校阅中，如查有各船厂所造舰艇及重要机械、设备精坚合用，各机器局所造枪炮、弹药能击远命中，准予各厂、局择其人员中尤为出力者，照异常劳绩酌保；如查出有精于西学，翻译外文军事图书，有益于国家、有益于军队者，准予刊印发行，各省对该员进行面试，照异常劳绩酌保。

王大臣、北洋大臣海上校阅，应对各口岸炮台一并校阅。如查有弁勇操练火炮、鱼雷等技艺精熟，确知理法，堪充教习人选者，或筑造炮台、船坞、堤岸工程，实用三年，无有损坏弊病者，皆准其每营以异常劳绩酌保若干名。但其酌保人数，不得超过总人的百分之三十（这些口岸有大连、旅顺口、威海卫、胶州湾等）。

在海上校阅期间，凡总理海军衙门及北洋海军营务、粮饷、军械、学堂文武官员，洋弁、洋教习、洋匠等员，如在三年中确系异常出力、有功效可见者，准予择优照异常劳绩、寻常劳绩分别酌给奖序。但所酌保人数不得超过总人数的百分之三十。

第十三款 武备

各舰艇船体、机器马力、枪炮、鱼雷、军械、电灯等件，按年分造表呈报。

国旗，舰艇用国旗为长方形、黄色，中画青色飞龙。

将旗，提督用五色长方旗，诸将用三色长方旗，旗之上角，饰以锚形。

通语旗，用各国通行式；有密语式，体色不拘，由提督酌定。

金鼓，仿西国水师，一概用铜角，取其传令分晓。

第十四款 水师后路各局（略）

第二章　清末海军学校

　　这是海军教育的重点。旨在教育培养海军初级指挥军官（舰艇长）、专业军官（部门长）和工程技术人才，以作为建立海军的人才基础。所以，清末十分重视从学校教育、培育海军人才入手，以建立中国近代海军。而且是引进西方先进海军军事科学技术，开办中国近代军事学校的创始。同治五年五月十三日（1866 年 6 月 25 日），闽浙总督左宗棠首先上奏倡议建立福州船厂，作为海军造舰育才的第一个基地。福州船政下设船政学堂，是中国第一所专门教育培养海军初级军官的海军学校。此后，光绪六年（1880），又开设天津水师学堂；十三年（1887），开设黄埔水师学堂；十五年（1889），开设昆明湖水师学堂；十六年（1890），开设江南水师学堂，旅顺鱼雷学堂，威海海军学校；二十九年（1903），开设烟台海军学校；宣统元年（1909），开设湖北海军学校，等等。这些海军学校，为海军的建立、形成和发展输送了足够的人才，成为海军的骨干力量，它们对于中国近代海军建设作出巨大贡献，其功绩永垂青史。

船政学堂（1866~1911）

清同治五年五月十三日（1866 年 6 月 25 日），闽浙总督左宗棠在一日之间上奏两折：《试造轮船先陈大概情形折》《复陈筹议洋务事宜折》。左宗棠指出："从前中外臣工屡议雇买、代造（按，指舰艇），而未敢轻议设局制造者"，实有"八难"，洋人威妥玛、赫德之流，乘中国之难，上递"论议、说帖"，鼓吹中国须"购雇轮船、器械"，企图"因缘为利"，而且言论之间"悖慢之词，殊甚发指"，左宗棠所指的中国之"八难"中的第五"难"是："中国之人不习管驾，船成仍须雇用洋人"[1]管驾。为解决人才之难，左宗棠说："习造轮船，非为造轮船也，欲尽其制造、驾驶之术耳；非徒求一、二人能制造、驾驶也，欲广其传，使中国才艺日进，制造、驾驶展转授受，传习无穷耳。故必开设艺局，选少年颖悟子弟，习其语言、文字，诵其书，通其算学，而后西法可衍于中国。""无论弁兵各色人等，有讲习精通能为船主者（按，指管带），则给予武职千、把、都、守，由虚衔荐补实职，俾领水师，则材技之士争起赴之。将来讲习益精，水师人材固不可胜用

---

① 以上均见《中国近现代舰艇工业史料集》，第268~271页。

矣。"①

　　所以，创议建立船政，造舰育才，为中国近代海军建立的实践，左宗棠是第一人。

---

① 　《中国近现代舰艇工业史料集》，第277、269页。

求是堂艺局

同治五年十一月初五日（1866年12月11日），左宗棠为开设"艺局"，上奏《密陈船政机宜并拟艺局章程折》。[①] 左宗棠所拟《艺局章程》共八款：

一、各子弟到局学习后，每逢端午、中秋，给假三日；度岁时于封印日回家，开印日到局。凡遇外国礼拜日，亦不给假。每日晨起后、夜眠前，听教习洋员训课，不准在外惰（嬉）游，致荒学业。不准侮慢教师，欺凌同学。

二、各子弟到局后，饭食及医药之费，均由局中给发。患病较重者，监督验其病果沉重，送回本家调理；病痊后即行销假。

三、各子弟饭食既由艺局供给，仍每名月给银四两，俾赡其家，以昭体恤。

四、开局之日起，每三个月考试一次，由洋员教习分别等第。其学有进境考列一等者，赏洋银十元；二等者无赏无罚；三等者记惰一次。两次连考三等者戒责；三次连考三等者斥出。其三次连考一等者，于照章奖赏外，另赏衣料，以示鼓舞。

五、子弟入局肄习，总以五年为限。于入局时，取具其父兄及

---

① 《中国近现代舰艇工业史料集》，第276～278页。

本人甘结，限内不得告请长假，不得改习别业，以取专精。

六、艺局内宜拣派明干正绅，常川住局稽察师徒勤惰，以便剔学艺事以扩见闻。其委绅等，应由总理船政大臣遴选给委。

七、各子弟学成后，准以水师员弁擢用。惟学习监工（按，工程师）、船主（按，管带）等事，非资性颖敏人不能。其有由文职、文生入局者，亦未便概保武职，应准照军功人员例议奖。

八、各子弟之学成监工者、学成船主者，即令作监工、作船主，每月薪水照外国监工、船主辛工银数发给，仍特加优擢，以奖异能。

所有上述左宗棠奏议，均很快获得清廷批准实行。

同治五年十二月一日（1867年1月6日），船政艺局选在福州城内定光寺（亦名神光寺、白塔寺）为校址。定名为"求是堂艺局"。局址除神光寺以外，还有仙塔寺一处。此时，首任总理船政大臣（钦差）沈葆桢已到任。艺局早于十一月十七日（12月23日）船政开工建设之日招生，随即考试录取新生（13～14岁）。考试的论文题为"大孝终身慕父母"。严复（宗光）应试，那时严复初丧父，心情悲哀，其应试论文悲切真挚，深为船政大臣沈葆桢赏识，认为"置冠其曹"。沈葆桢认为"船政根本在于学堂"，只有办好学堂，"才能使西人擅长之技，中国皆能谙悉，然后可以渐图自强。"他深感船政前程的兴衰在于学堂的成败。为此，他深情地为船政撰写楹联①：

头门：且漫道见所未见闻所未闻即此是格致关头认真下手处
　　　何以能精益求精密益求密定须从鬼神屋漏仔细扪心来

---

① 《中国近现代舰艇工业史料集》，第844页。

仪门：以一篑为始基从古天下无难事

　　　　致九泽之新法于今中国有圣人

　　这两副楹联，道出创办船政及其所属船厂和学堂的宗旨与宏大意义。同时，也可以看出，当时"中学为体，西学为用"的教育思想实践。

　　同治六年正月（1867年2月），求是堂艺局在定光寺开始上课。同年五月（6月），求是堂艺局迁进在马尾的新建校舍上课，正式改名为"船政学堂"。船政学堂分为前学堂和后学堂，同时还成立相应的技术学育机构——绘事院和艺圃。

前学堂

　　据清海军档案载："两堂落成，将原设于亚伯尔洋房艺童归入前学堂，习法文，授制造。"前学堂主要教育培养舰船建造和机器制造的专门人才。入学以后，前三年主要学习法文，辅以汉文和数学，随即学习格致（物理、化学）、几何、重学（力学）、材料力学、微积分、水动力学、测绘、造船、制器等课程。学堂课程学完后，派往造船厂实习一年，参加放样等技术操作。前学堂学生大都学习勤奋，收效较大。还有一部分学生出国留学。制造班第一届学生二十一名，其中有：魏瀚、陈兆翱、郑清濂、李寿田、吴德章、杨廉臣、罗臻禄、游学诗、陈季同、汪乔年等[1]。毕业后，有许多人成为造船技术专家、工程师，其中成就较大的有魏瀚、陈兆翱、郑清濂、吴德章、李寿田、汪乔年、罗臻禄、游学诗等，他们曾

---

[1]　《水师学堂章程·附录》第35页。

主持建成巡洋舰"开济""镜清""寰泰""平远""广甲""广乙""广丙",驱逐舰"福清",兵船"艺新""横海""保民",练习舰"通济",运输舰"福安"等军舰多艘,魏瀚、郑清濂曾任船政会办,他们对中国近代海军装备建设作出重大贡献。

前学堂自同治五年(1866)开办以来至光绪三十四年(1908)冬,四十二年间,共毕业制造班学生七届一百四十三名。

后学堂

据清海军档案载:"两堂落成,……将原设于白塔寺、仙塔寺两处艺童并入后学堂,习英文,授驾驶,时并称驾驶学堂。驾驶班专门教育培养舰艇长、副长人才。同治七年秋(1868年8月),后学堂又增设管轮班,专门教育培养舰艇轮机人才,故亦称驾驶管轮学堂。驾驶班第一届,除原招收的学生二十三名以外,还从广东招收学生十名,他们是张成、林国祥、叶富、吕翰、黎家本、邓世昌、李田、李和、梁梓芳、卓关略。驾驶班的学习课程有:英文、算术、代数、几何、解析几何、割锥、平面三角、弧三角(球面三角)、微积分、动静重力学、水重力学、电磁学、光学、音学、热力学、化学、地质学、天文学、航海学等。管轮班学习课程有:英文、算术、代数、三角、重力学、物理、汽理(热力学)、轮船汽机、机器画法、机器实习、修定鱼雷等。驾驶班第一届学生三十二名,其中有:罗丰禄、何心川、蒋超英、刘步蟾、方伯谦、林泰曾、严复(宗光)、邱宝仁、林永升、叶祖珪、许寿山、黄建勋、张成、吕翰、邓世昌、李和、梁梓芳等。

后学堂自同治五年(1866)开办以来至宣统三年(1911),四十五年间,共毕业驾驶班学生十九届二百四十一名,管轮班学生十一届一百二十六名。

船政学堂自同治五年（1866）开办以来至宣统三年（1911），四十五年间，共毕业驾驶、管轮、制造学生三十七届五百一十名。这些毕业学生中，有后来成为著名学者的严复（宗光），著名工程师的詹天佑，著名海军将领的邓世昌、林泰曾、刘步蟾、林永升、林履中、黄建勋、吕翰、叶祖珪、萨镇冰、黄钟瑛、程璧光等。

绘事院

通称画院，于同治六年冬（1867年12月）成立。为船厂的制造制图并兼教育培养制图学生的机构，即设计院。学生选自船厂工人中的聪颖少年。

艺圃

于同治七年正月二十四日（1868年2月17日）成立。招收年龄十五至十八岁的青少年，教育培养制造工人和初级制造技术人员。学生称为"艺徒"。学习课程有：算术、代数、几何、制图、机器构造、法文。学习期限为三年。教学方式是半天在艺圃上课，半天船厂内学工。艺圃的设立，提高了制造工人的专业知识与技能。艺圃还曾选送一些优秀的艺徒出国留学，如光绪三年（1877）就选送九名赴法国留学深造，回国后担任制造技术工作。

天津水师学堂 (1881~1899)

　　光绪六年七月十四日（1880年8月19日），北洋大臣李鸿章上奏"筹办天津水师学堂片"。奏陈："中国驾兵轮船学堂，创自福建船政。北洋前购蚊船（按，炮舰）所需管驾、大副、二副，管理轮机、炮位人员，皆借才于闽省，往返咨调，动需时日。且南北水土异宜，亦须就地作养人才，以备异日之用。北洋现筹添购碰快（按，巡洋舰）、铁甲等船，需人甚众。臣于去年十月，奏明拟设练船，选募北省丁壮素谙风涛者，上船练习；尤必以学堂为根本，乃可逐渐造就，取资不穷。应就天津机器局度地建设水师学堂，俟落成后，参酌两处成规，拣派监督、教习，招学生入堂肄习，逐渐练习。惟事体繁重，造端不易，须有明练大员专意督率，实力经营。查前任船政大臣、光禄寺卿吴赞诚（按，第三任船政大臣，任期为光绪二年至五年十一月——1876~1879），洞悉机宜，条理精详，曾在天津办理机器局有年，熟谙情形，前因患病奏准开缺调理。今夏，臣缄商来津就医，刻已稍就痊可，精神尚健。拟请旨即令该大臣吴赞诚在津督同局员筹办水师学堂、练船事宜，俾可从容就绪。兹值防务紧要，需用军火甚巨，并请其驻局兼督机器制造，认真整顿，以免贻误。……"①

李鸿章上奏被批准后即由吴赞诚筹办天津水师学堂，并兼任天津军火机器局承办局员至1878年。随即由吴赞诚主持，于光绪七年（1881）七月，在天津军火机器局东局（天津城东18里贾家沽）河东一带选定校址建成学堂校舍，招生开学。严复任总校习，后升任学堂总办。

光绪七年四月二十三日（1881年5月20日），北洋大臣李鸿章上奏"吴仲翔办理学堂片"。奏称："臣于去年七月奏请饬派前船政大臣、光禄寺卿吴赞诚，驻津督办水师学堂、练船事宜，奉旨允准在案。旋经吴赞诚于天津机器河东一带勘定学堂基地，遴派局员绘图估料，刻日兴工；一面酌定规条，招考学生入堂肄业。吴赞诚于去冬回南就医，顺便赴沪，选募学童。兹据咨称：'旧疾剧增，不能转动，难期痊愈。学堂事体繁重，为造就水师人材张本，关系海防要务，若以病躯从事，恐致贻误。恳代奏开去差使，另派能员接办，以重要公。'等情前来。臣查水师学堂创办伊始，吴赞诚既因病笃，不能前来，亟须遴员接替。查有二品衔、分省补用道吴仲翔，久充福建船政提调，条理精密，任事勤能，熟谙制造及驾驶学堂事宜，昨经船政大臣黎兆棠奏明给咨赴部引见，道出天津。臣稔知其于兵船规制谙练已深，拟暂留津差遣，派令总办水师学堂、练船事宜，以资臂助。俟筹办就绪，再由臣奏咨赴部。……"

于是，由吴仲翔接替吴赞诚主持天津水师学堂事宜。

天津水师驾驶班第一届学生于光绪十年（1884）十月毕业，共三十名。其中有谢葆璋、郑汝成、沈寿堃、陈杜衡、郑纶、温朝诒等。

---

① 《清末海军史料》，第389页。

后来任海军提督、船政学堂驾驶第二届（1872年）毕业的萨镇冰，曾在天津水师学堂担任教习四年（1882～1886）。

光绪八年（1882）四月，天津水师学堂又开设管轮班。管轮班第一届毕业学生，共十九名。其中有后来曾任中华民国（北京政府）大总统的黎元洪。管轮班第一届毕业学生。

光绪十年十一月初五（1884年12月21日），北洋大臣李鸿章上奏"天津水师学堂请奖折"。奏称："迨七年七月，学堂落成，始添招学生入堂肄业。其时北方风气未开，学生入堂之初，非惟于西语、西学咸所未闻，即中国文字亦仅粗通。经饬监督各员严加约束，教习各员认真课导，欲其于泰西书志能知寻绎，于是授以英国语言翻译，文法；欲其于凡诸算学，洞见源流，于是授以几何、代数、平弧三角、八线；欲其于轮机炮火备谙理法，于是授以级数、重学；欲其于大洋驾舟、测日候星、积算晷刻以知方向、道理，于是授以天文、推步、地舆、测量。其于驾驶诸学，庶乎明体达用矣。然犹虑其或失文弱也，授之枪，俾齐步伐，树之桅，俾习升降，娴其技艺，即以练其筋力；犹虑其或邻浮薄也，教之经，俾明大义，课以文，俾知论人，瀹（yuè，开导）其灵明，即以培其根本。为之信赏必罚，以策其倦怠；为之月校季考，以稽其知能。

"自开堂以来，一日之间，中学、西学、文学、武事、量晷分时，兼程并课，数更寒燠（yù，热），未尝或辍。叠经季考诸生课业，月异而岁不同。今年春秋两季，经臣饬派委员罗丰禄（按，1871年，船政学堂驾驶班第一届毕业生，第一名）邀同英、俄两国水师兵官到堂会考，该兵官等佥谓，欧洲水师学堂所留以俟上练船指授之学，此堂均已先时预课。罗丰禄亦谓：堂中所授繁难诸学，多为从前闽厂驾驶学堂洋教习所未及课。计自开堂以来甫及三年，而驾驶头班学生伍光鉴等三十名，均已毕业，堪上练船。又课成肄业美国回华学生王凤喈等九名，或充学堂帮教，或经分派各船，成效历有可稽。

"伏思水师为海防急务，人才为水师根本，而学生又为人材之所自出。兹际成效初收，允宜甄陶在事，激劝来兹，庶几人材可期辈出。查广东设立同文馆，招募学生，课以西国语言、文字，每届三年，奏请分别给奖有案。天津水师学堂所课西国语言、文字，特其一端；此外诸学视同文馆实相倍蓰。在堂各员弁，尽心教导，洵属异常出力，学生亦攻苦逾恒。现已届满三年，著有成效。据总办道员吴仲翔详请授案奏奖前来。臣查泰西各国水师强盛，皆以学堂为根基。中土创办之初，不得不多方诱掖，冀收拔十得五之效。理合酌拟奖序，缮具清单，……仰恳照拟给奖，以资鼓励。"①

光绪十三年闰四月二十八日（1887年6月19日），李鸿章又上奏准水师学堂人员一体参加乡试。②

从以上李鸿章所奏可以看出，天津水师学堂，也是大力贯彻"中学为体，西学为用"教育思想的。

天津水师学堂自光绪七年（1881）开办以来至光绪二十五年（1899），十九年间，共毕业驾驶班学生六届一百二十名，管轮班学生六届八十五名，总计十二届二百零五名。这些毕业学生中，后来成为著名人物的除黎元洪以外，还有谢葆璋、曾兆霖、饶怀文、蒋拯、林永谟等。

---

① 《清末海军史料》第394～395页。
② 《清末海军史料》第397～398页。

广东黄埔水师学堂（1887~1911）

广东黄埔水师学堂最初名为水陆师学堂，于光绪十三年（1887）创办。光绪十九年（1893），广东都督谭钟麟将该学堂改名为广东黄埔水师学堂。其创办及沿变经历如下。

光绪十三年六月十四日（1887年8月3日），两广总督张之洞上奏"创办水陆师学堂折"，奏称："近年天津、神州皆设水师学堂，而天津兼设武备学堂，以练陆师，诚以二者不可偏废也。广东南洋首冲，边海兼筹，应储水陆师器使之材，较他省为尤急。光绪三年，前督臣刘坤一捐银十五万两，奏明生息，为储洋务人材之用，光绪六年，前督臣张树声、抚臣裕宽，于省城东南十里长洲地方（按，黄埔），就前款内拨银建造实学馆，分派教习，考选学生，肄习西洋语文、算法。用项取之前次息银，特以限于银绌、定额较少。此外，有关兵事诸端，未能肄及。

"臣之洞到任后，察看该馆生徒学业，尚堪造就，改名博学馆。……臣等审度时势，公同筹商，即就其地改为水陆师学堂，并须添购地段，增建堂舍，以区功课而臻完备。其水陆师均各额设七十名。先挑选博学馆旧生通晓外国语文、算法者三十名为内学生；再遴选曾在军营历练，胆气素优之武弁二十名为营学生；再拟选业已读书史、能文章，年十六以上三十以下之文生二十名为外学生。无论生监，俱准就学。其水师则学英国语文，分管轮、驾驶两项。管轮堂学机轮理法、制造、运用之源；驾驶堂学天文、海道、驾驶、攻战之法。其陆师则学德国语文，分马步、枪炮、营造三项。内学生取其翻译已晓，算法已谙；营学生取其兵事已历，胆气已壮；外学生取其志向已定，文理已通。惟营学生、外学生两途年齿较长，学习外国语文稍有不便，应于洋教习之外，添用华翻译一名，转相解授以便领悟。其房舍则分为水师诵堂、水师操堂，陆师诵堂、陆师操场，陆马、步、炮操坊。其规制、课程略仿津、闽成法，复斟酌粤省情形，稍变通。大抵兼采各国之所长，而不染习气；讲求武备之实用，而不尚虚文。堂中课程限定每日清晨先读四书、五经数刻，以端其本。每洋教习歇课之日，即令讲习书史，试以策论，俾其通知中国史事、兵事，以适于用。在堂者一律仍准应文、武试，以开其上进之程。其营学生、外学生两途，年岁不必甚幼，庶可辨其志趣气质，不致虚养庸下之材。语文但取精通，不必以此端耗其心力目力，总期由粗入精，必不使逐末遗本。

"水师学成之后，拨入练船。另设练船正教习，枪炮、帆缆教习，测算教习四项，皆用洋员在船课读。即在中国沿海口岸游行，认真练习。一年之后，再选其才艺尤长者，分赴外国学堂、兵船学习。其陆师则三年学成后，择优出洋分赴各国学堂、陆军学习。水陆均令每年九（个）月在堂，三（个）月在船、在营。遇有外洋有事，拟照西国通例，前往观览，以资考镜实事。

"惟学堂事属创始，总办者非有熟悉大员未易胜任。查有二品衔、分省补用道吴仲翔才识沉毅，思虑精详，前充福建船政提调十余年，船政始规皆其创办，嗣经北洋大臣李鸿章调处天津委办水师学堂，亦著成效。现在请假回籍，经臣等函邀来粤，询商一切。相应请旨将吴仲翔发交臣等差委，拟即委令总办水师学堂事务，以资熟手。至洋教习拟用三员：水师驾驶洋教习一员，查有福建船厂英员李家在闽期满，堪以调充；陆师语文、测算兼操练正洋教习一员，粤省现有德弁欧披次堪以充补，其副教习一员，应由臣等咨商出使德国大臣向外部选订。此外，应设汉教习十一员：水师设驾驶、操演、洋文各一员，华文三员；陆师则英文帮教二员，德文帮教一员，华文二员。其稽查各堂及经营钱粮、文案各委员，酌量任用。此举现经臣等详加筹度，饬据广东布政使高崇基会同海防善后局司道拟议章程，详情具奏前来。……"

清廷批准张之洞上述奏请，并准"吴仲翔著交张之洞等差委"。

黄埔水陆师学堂遂开始建立。至光绪十五年（1889），黄埔水陆师学堂校舍建成，招生开学。有关该学堂的建设规模、学生名额、练习舰、工厂等详细情况，见光绪十五年十月十八日（1889年11月10日）张之洞上奏"办理水陆师学堂情形折"。奏陈："于黄埔长洲地方，旧日博学馆原有房屋，甄选学生，调派教习暨各委员，购买书籍、仪器，先行开办。一面就在左近勘购田地四十七亩有奇，价银四千五百九十二两，就地建造新学堂一座。计：正中一路，前后五院，内有楼者三院，以作讲堂及委员、教习住房；左右两路，前后各四院，均属上下楼房，以作学生住房；后院小房，平列者三院，以为厨灶、茶房、浴室，暨丁役住房。凡为院一十有六，为房一百八十有六，而每院之左右厢廊、正中路亭之属不计焉。堂外别建机器厂一座、铸铁厂一座，……操场一区、演武厅一座，……堂前石堤一带、洋木马头一座，共支工料银五万九千二百余两。较之原奏结银六万两之数，尚属有减无增。……机器厂内应设十二匹马力汽机锅炉全座，并大小旋铁床、钻铁机、削铁床、剪铁机一十七架，暨手用器具，铜、铁、钢料，约共英金二千五百镑，……

"其学生系于博学馆原有七十余名，派令分习驾驶、管轮诸学。比年历经考校，察其器识、资质、体气之不如式者，陆续剔退……，现存三十八名。十四年五月，由天津调政曾充行伍、胆力素优之武职员弁二十名，经派令专习陆师诸学。十五年八月，复由福建船政后学堂调致曾经在堂三四年之水师三十七名，以其在闽原属分习驾驶、管轮，而入堂先后不等，察其造诣深浅，或另列一班，或量与博学馆旧生分别并班入堂受课。本年九月，又由天津招致曾经能文幼童二十名，以其初入学堂，权令学习英文，算学以为初基，将来酌配水师、陆师，仍专一艺。……

"……管轮、驾驶、陆师三项同时并举，……其额设二百一十名，……两堂每月常川用费，度仍不越五千余金，……

"至于水师学堂所需练船，拟即以"广甲"轮船充用。委派尽先副将刘恩荣为练船总管，船政学生拔被千总陈璧光为练船副总管。船内应设正洋教习一员、枪炮洋教习一员、帆缆洋教习一员，均已电致使英大臣刘瑞芬代为募订。……学生在堂即备习水师诸学之理，派登练船，乃以使即平时在堂所学者，一一征诸实践，以备娴其法。……此次所拟练船员弁名额，薪粮之可得而计者，每月约共支银二千六百余两；……一岁薪粮、杂费两项所需大约当四万两左右，较诸闽厂练船成案，岁可省银约二万两，而一切规模仍臻全备。……

"广东创设水师、陆师学堂已逾二年，著有成效，与天津水师武备两堂事同一律。合无仰恳天恩，俯准将在堂出力之委员、教习暨优等学生照北洋成案，初次按异常劳绩保奖，俾在事者益奋勉以图功，愿学者更闻风而兴起。如蒙俞允，当由新任督抚臣择优奏诸奖励。嗣后每届二年期满，仍照寻常劳绩保奖。……"

以上奏议各项，均被清廷批准。

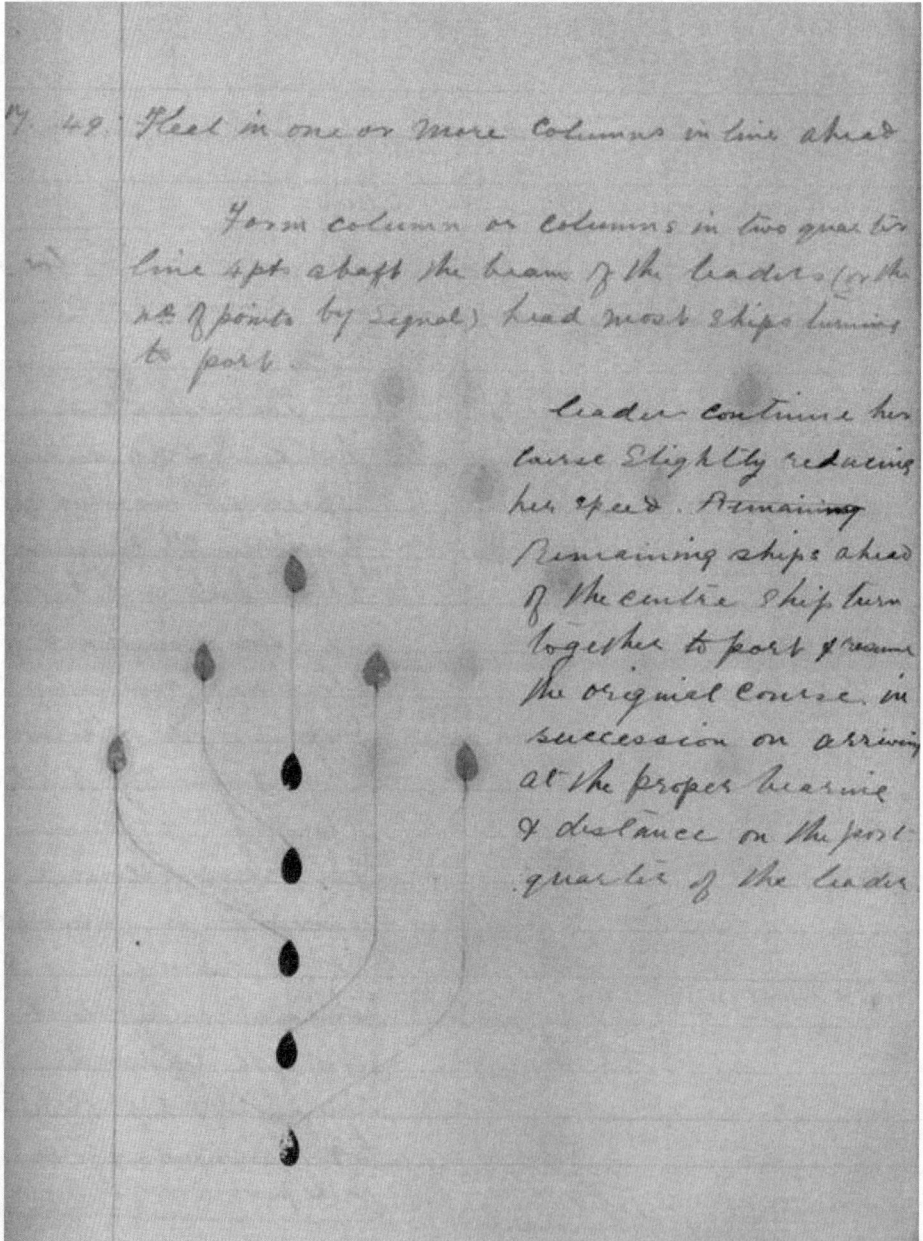

49. Fleet in one or more columns in line ahead

Form column or columns in two quarter
line 4 pts abaft the beam of the leaders (or the
set 8 points by signal) head most ships turning
to port.

Leader continue her
course slightly reducing
her speed. Remaining
Remaining ships ahead
of the centre ship turn
together to port & resume
the original course in
succession on arriving
at the proper bearing
& distance on the port
quarter of the leader

黄埔水师学堂第八届学员杨树庄的笔记1（摄于中国航海博物馆）

黄埔水师学堂第八届学员杨树庄的笔记2（摄于中国航海博物馆）

可以看出中国当时的海军教育已经相当国际化，
杨树庄后来是民国海军总司令。

光绪十年（1884），广东早设有黄埔水雷局。由德国购到"雷龙""雷虎""雷中"等三艘双管鱼雷艇和单管鱼雷艇八艘。作为虎门防御之用。该局招收学生学习鱼雷，以培养鱼雷艇长。

广东黄埔水师学堂自光绪十五年（1889）开办至宣统三年（1911），十二年间，共毕业驾驶、管轮班学生十三届一百五十六名。其中，后来成为海军将领的有汤廷光、杨树庄等。

广东黄埔水雷局鱼雷班共毕业学生五届十九名。都陆续升任鱼雷艇艇长。

昆明湖水师学堂（1888~1893）

　　昆明湖水师学堂亦称昆明湖水操内学堂。系为教育培养满族子弟成为水师人才，而于光绪十四年（1888）开设的水师学堂。其目的是为使满人控制海军而培养骨干。只招收一届学生，于光绪十九年（1893）毕业共三十六名。这些学生在海军并未发挥大的作用。

江南水师学堂（1890~1911）

　　光绪十六年（1890），南洋水师开办江南水师学堂，校址在南京仪凤门内。光绪十七年正月十四日（1891年2月22日），署两江总督沈秉成上奏称："江南创设水师学堂，延订洋文、汉文各项教习，分别驾驶、管轮两门，各计额设学生六十名，按日轮课，按季考试，以定班次。并将原设鱼雷学堂裁撤，挑选优等学生，送至旅顺鱼雷营加习海操；其余归并学堂，以示节省。请准将在事各员，俟办理著有成效，援照北洋成案，给予奖叙，如所请行。"[①]

　　光绪二十四年十二月十九日（1899年1月30日），两江总督兼南洋通商大臣刘坤一（1830~1902，字岘生，湘军将领，洋务派首领之一）上奏"增设水师学堂学额折"称："江南水师学堂创立之始，原设驾驶、管轮两门，各分三班，招考生徒，分别课授，自英国语文而外，凡勾股、算术、几何、代数，平弧三角、重学、微积，以及中西海道、星辰部位、驾驶御风、测量绘图诸法，帆缆、枪炮、轮机大要，皆当次第讲求。堂课毕业，派登练船，俾周览山海形势，沙礁风涛，更番巡历，以练胆识。……现值国家整军经武，广储将材，以学堂为水师根本，遵将原裁三班学生四十名暨教习员司人等，招募添设，一切薪费，仍照前额原数开支，于十月初

---

① 　《清末海军史料》，第404~405页。

一日，考取入堂，照常肄业。至巡练之船，现有'寰泰'一艘，选经督带驾驶、管轮头班学生，周历海岛，谙习风涛，再派赴各兵轮，循章补用；即接学生，先后登船，约计两年，船课皆可毕业。……"

此两奏即被清廷批准。①

光绪三十年十一月十七日（1904年12月23日），署两江总督端方奏准，选派江南水师学堂学生赴上海驻沪英国海军舰艇上学习，期限两年。

迄光绪三十一年初，江南水师学堂驾驶、管轮每班学生定额四十名；洋教习一员，驾驶、管轮、升桅、汉文、洋文、体操各教习共十一员；总办一员，提调、文案等共六员。堂课有：天文、舆地、海图、数学、水动力学、锅炉、蒸汽轮机、洋文、汉文等。属有鱼雷一个营（1892年开办），鱼雷艇四艘（泊下关草鞋峡江面），每艘配官弁四名，鱼雷兵、水兵、操舵手等共二十五名。

宣统元年（1909），署两江总督上奏："江南水师学堂本为培植海军人材之用，宜改为南洋海军学堂。该堂章程规条，暂仍循旧办理。②

江南水师学堂自1890年开办至1911年，二十一年间，共毕业学生有：驾驶班七届一百零七名，管轮班六届九十一名，鱼雷班三届十三名，总计十六届二百一十一名。这些毕业生，大部分配到北洋海军、南洋水师任职，一部分派往国外监造中国向外国订购的舰艇。

1912年，中华民国成立，江南水师学堂改为海军军官学校。

---

① 《清末海军史料》，第412～413页。

② 《清末海军史料》，第423页。

旅顺鱼雷学堂 (1890~1894)

　　光绪十六年（1890），北洋海军在旅顺口开设鱼雷学堂，招生训练鱼雷人材，特聘德国人为教练官，共毕业学生三届二十三名，派赴北洋海军服役。至 1894 年，中日甲午战争中，旅顺失守，停办。

威海卫海军学校 (1890~1894)

光绪十六年（1890），北洋海军在威海港刘公岛开设海军学校，专开驾驶一班，训练舰艇驾驶大副，以补北洋海军驾驶大副人材之缺。共毕业学生一届三十名。至1894年底，中日甲午战争中，威海卫之战致使该校停办。

烟台海军学校 (1903～1928)

1900年，抗击八国联军侵华战争爆发，天津水师学堂在敌军炮火中被毁。北洋海军为建立新的海军学堂，选址于烟台。光绪二十八年（1902），先在烟台东山嵩武军右营营房设立海军练营，由谢葆璋（天津水师学堂驾驶班第一届毕业）任该营管带（营长），谢克峻为帮带（副营长）。光绪二十九年（1903）冬，招考驾驶第一届学生入学。这是烟台海军学校的开始。烟台海军学校专办驾驶班。此时，烟台海军学校附设在海军练营之内，尚无专用校舍。由谢葆璋任烟台海军学校监督（校长），徐裕源为教员，英人白秀德为体育教员。烟台海军学校学生的待遇：学费、伙食费、服装均由公家供给，每人每月另发白银一两八钱作为个人零用。

光绪三十二年（1906），因烟台海军学校旧校舍不敷应用，经呈请直隶总督袁世凯批准将嵩武军右营旧营房拆除，改建新校舍。海军统领萨镇冰亲自到烟台督率建校址事宜，并对学校编制、学生定额等亲自拟定：校长一名，教务长一名，庶务长一名，斋务长一名；正教员两名，副教员四名，协教员两名，操教员两名，军医一名，会计一名，文牍一名。校长仍为谢葆璋，江中清任副校长，叶幼峰任庶务长，李景曦任斋务长；徐裕源、朱正霖任正教员，郑贞来、谢克峻、林希曾、许秉贤任副教员，郑衡、饶鸣銮任协教员，戚本恕、陈文会任操教员，英人白秀德任体育教员；林俊雄任军医，杨子敬任会计，王其慎任文牍。学生定额一百九十二名（含海军练营）。教员采取专科教学，学制三年。暑期不放假，由操教员督率在海滨练习泅水等技术。

烟台海军学校的创办人萨镇冰

宣统二年（1910），国内国民革命宣传已极广泛。清廷选派满人青年三十人到烟台海军学校学习。是年冬，烟台海军学校举行大考。海军部派郑汝成（天津水师学堂驾驶班第一届毕业生）到校监考。考毕，郑汝成回京复命，对烟台海军学校情况进行诬报。郑汝成即被当局任命为烟台海军学校校长兼警卫队统带。郑汝成随即出国到英、美考察海军，半年后回国，率海军部新委派的教务长陈杜衡（天津水师学堂第一届毕业）到烟台海军学堂接任，原校长谢葆璋调充海军部二等参谋官。江中清降职任教员。以后郑汝成调北京趋附于袁世凯。此后继任校长仍旧依照谢葆璋所立成规办理校务。

烟台海军学校自光绪二十九年（1903）开办至宣统三年（1911），九年期间，共毕业驾驶班学生六届一百二十名，管轮班学生六届八十五名，总计十二届二百零五名。

郑汝成刚去职后，校务无人维持，有少数人主张将烟台海军学校解散。经过集议认为，烟台海军学校系国家教育机构，不可中断，应协力维持，于是推举江中清为临时校长，主持校务。这时，经费已无着落。因为北京的经费供给已经中断，而地方皆组织军政府，一切事业停办。学校职员集议商讨，决定将一切不急事务缓办，紧缩开支，将学校余款与烟台当地的接济款项节约使用，学校所有教职员均领半薪，以暂行维持。这是烟台海军学校在辛亥革命前后的竭蹶景况。

1928年，烟台海军学校被山东军阀张宗昌强迫解散。末届学员送回马尾海军学校继续学习。烟台海军学校自1903年开办至1928年解散，共毕业学生十八届五百四十七名。曾选派学生六十余名赴英、美、日等国留学海军。

湖北海军学校 (1909~1913)

宣统元年（1909），南洋水师开办湖北海军学校。该校至宣统五年（1913），仅毕业驾驶班学生一届十名，管轮班学生一届二十三名，总计三十三名。后停办。

北洋海军医学校（1893～1911）

　　光绪十四年八月（1888），北洋海军大臣李鸿章奏请创立海军医学堂，获准。李鸿章在奏中称："天津（海军）总医院内分西医学堂、施医院、储药处三大端，专司购储材料、诊治弁兵；并挑选生徒分班肄习，俾学成后，派赴各营、舰充当医官，尤为北洋各医院之根本。由臣督饬津海关道等渐次经营，旋经该关道督率官商捐筹巨款，在天津城外创建医院房屋一百八十余间。惟该院内应设西医学堂，所有教习、生徒人等，需添建住房七十八间，估需工料银八千三百余两，另由海防支应局筹拨竣工，酌拟章程试办。该总医院应派正副总医官、监督、员司、夫役人等名额、薪费，均参酌天津水师、武备学堂成案变通办理。选募聪颖生徒拨入西医学堂，分班肄业。订雇英国医官欧士敦来津，偕同洋、汉文教习拟定课程，尽心训迪。院内应购中西各项家具，需银四千余两，援照武备学堂准销成案，撙节购用。于光绪十九年十一月初一（按，1893年12月8日）开院试办，……所选头二班学生分习洋文、医理、讲贯、编摩，均能领悟。……

　　"……北洋创办海军之初，雇募洋医分派各舰，为费不赀，是兴建西医学堂造就人材。实为当务之急。……头二班学生按时考课应给加赡等银，仿照水师、武备各学堂章程，随时核实禀知，均在北洋海军经费内动用。现雇之洋教习，将来期满，……
即随时裁撤。……"

北洋海军医学校自光绪十九年（1893）开办至宣统三年
（1911），十九年间，共毕业学生九届八十六名。

练勇学堂

　　除上述各学校外，北洋海军还开办有海军练营，其任务是教育训练陆续用于补充北洋各舰艇水兵的缺员，其学兵称为练勇。练勇分为一等练勇和二等练勇，二等练勇可考升一等练勇，一等练勇可考升三等水手（水兵）。练勇学堂，经常保持的学员兵名额，定为二百五十名。

附录：中国近代海军概况

(清末海军、中华民国海军)

魏　源

中国近代海军的发端

建立中国近代海军的思想启蒙

迄19世纪40年代，中国最后一代封建王朝——清朝，已处于"日落西山""风雨飘摇"的境况，政治腐败，经济凋弊，国势衰败，军事落后，国防、海防空虚。在1840～1860年间，遭受西方帝国主义强加的两次鸦片战争的沉重打击以后，开始沦入半封建半殖民地之地位，国家、民族遭受空前灾难。在这种山河破碎、生灵涂炭的亘古未有的大灾难面前，中国人民都在思考、寻求解救国家于危亡、解救民族于水火之良策与途径。其中，一些有识之士和先进人物提出强兵卫国的主张。他们认为，在帝国主义列强以巨舰大炮装备起来的舰队从海上入侵面前，中国旧式水师根本无法与敌抗衡，空虚的海防根本无法阻止敌军入侵。

早在第一次鸦片战争之后，中国近代思想家、史学家、文学家魏源在林则徐所译《四洲记》的基础上，撰成《海国图志》。系统介绍西方国家的历史、地理、政治、军事、科技等情况，总结第一次鸦片战争的经验教训，阐述中国近代海防得失，提出"师夷之长技以制夷"的方略，主张"以夷攻夷、以夷款夷、以夷制夷"①
的策略。认为"夷之长技三：一战舰，二火器，三养兵、练兵之
法。……（英）各埠中皆有造船之厂，有造火器之局，……二三旬
可成一大战舰"。②魏源建议："于广东虎门外之沙角、大角二
处，置造船厂一，火器局一。"聘法、美两国"夷目一二人，分携
西洋工匠至粤，司造船械，并延西洋舵师教行船演炮之法，……
而选闽、粤巧匠精兵以习之，工匠习其铸造，精兵习其驾驶、攻
击"。③在"师夷之长技以制夷"的方略和策略确定以后，魏源
建议引进西方技术工匠和海军人员，教授中国技术工匠造船技艺，
教授中国官兵舰船驾驶、舰炮射击等技术战术，"而尽得西洋之长
技为中国之长技"。经过一定时间，可造成战舰一百艘，编配舰员
三万人，其中百分之八十的兵员，由沿海渔民中选练，百分之二十
的兵员选拔录取旧水师人员。并同时裁并旧式水师建制，将节省
的粮饷经费，用于养练海军精兵。"必使中国水师可以驶楼船于
海外，可以战洋夷于海中。"④而且"一二载后，不必仰赖于外
夷"，完全自行制造战舰，自行教育训练海军。

　　魏源的这一思想，这一计划，原本是可行的，也是中国当时能
够做得到的。但是，这一思想、计划并未引起当权者的重视，而成
为纸上谈兵。然而，魏源的思想无疑是建设中国近代海军的思想启
蒙，对于19世纪60年代中期中国近代海军建设的启动，具有深刻影
响。

　　魏源（1794～1857），中国近代思想家、史学家、文学家，海

① 《魏源集·筹海篇一》下卷，第839页，原摘自《海国图志》。
② 《魏源集·筹海篇三》下卷，第867页，原摘自《海国图志》。
③ 《魏源集·筹海篇三》下卷，第869页，原摘自《海国图志》。
④ 《魏源集·筹海篇三》下卷，第870页，原摘自《海国图志》。

防思想和海军建设的倡导者、启蒙者。原名远达，字默深。湖南邵阳人。道光四年（1824），同进士出身。曾任扬州府东台、兴化县知事、高邮知州。与林则徐、龚自珍相交，三人结宣南诗社，文才与龚自珍齐名。道光六年（1826）编辑《皇朝经世文编》。第一次鸦片战争期间，道光二十一年（1841），入两江总督、抗英爱国将领裕谦幕府，参与筹划浙东抗英作战。1842年抗英战争失败后，忧愤国事，著《圣武记》，探求国家盛衰之道。同时遵林则徐授意，在林则徐所译《四州志》的基础上撰成《海国图志》50卷，后增为100卷。主张改革中国军队，建设海军，加强海防，兴办民用工业，发展经济。提出"变古愈尽，便民愈甚"的改革口号。魏源的思想和主张，对于中国后来的资产阶级改良主义运动的兴起具有一定的影响。其著作有《书古微》《诗古微》《公羊古微》《曾子发微》《高子学谱》《孝经集传》《小学古经》《大学发微》《两汉今古文家法考》《孔子年表》《孟子年表》，以及《六韬注》《孙子注》《吴子注》《老子注》《墨子注》，还有大量古体诗传世，是一位著作丰富的学者。

"李——阿舰队事件"

第二次鸦片战争结束后，于19世纪60年代初，清政府开始启动中国近代海军建设。但是，这一海军建设事业的启动，真可谓举步维艰，首局开张，第一步棋就走了错着，不得不半途放弃。

建设近代海军，即蒸汽舰队海军，首先需要有舰艇。"而此种制造，夙所未习。清咸丰十年，始有师习欧法，购置舰、炮之议。"[①] 当初，认为向国外购买，海军可能建成得快一些。咸丰

---

① 《清末海军史料·舰船购造·购舰篇》，第160页。

十一年（1861），总理各国事务衙门（清廷设立的主管与世界各国通商、交涉和办理洋务的中央机关，亦简称总理衙门、总署、译署），经过多次与署理总税务司（管理通商税收和海关的官员）赫德（英国人）会商购置外国军舰事宜。不幸的是总理各国事务衙门信任的这个赫德却是把持中国税收、海关大权的、维护和代理帝国主义在华利益的人物。赫德原名罗伯特·哈特（Robert Hard, 1835～1911），出生于英国北爱尔兰阿尔玛郡。是一个小农场主的儿子。北爱尔兰女王大学贝尔法斯特学院毕业。1854年春，英国外交部到贝尔法斯特学院招考去中国服务的外交人员，被免试录用。先在英国驻香港贸易督察处，后调至中国新辟口岸宁波英驻华领事馆工作。第二次鸦片战争中，于1858年，被调赴广州任英法联军头目巴夏礼的秘书。1859年，由英国驻华公使"推荐"，被中国广东巡抚劳崇光和海关监督恒祺任命为广州新关副税务司，实际掌握粤海关全权。1861年，赴上海，由总税务司（驻上海）英国人李泰国"推荐"，在李泰国离职返英期间，代行总税务司职权。同年，他应英驻华公使卜鲁克之召到天津，派他专赴北京与清政府"商议"中国海关事宜。他在取得清廷信任后，放手大干，除将上海、广州、汕头等三处的税务司由洋员把持以外，他又建立起天津、汉口、镇江、宁波、福州、厦门、烟台、淡水、打狗（今高雄）等九处新关口由洋员把持的税务司。1862年2月24日，赫德在广州与两广总督劳崇光议妥代理中国清政府在英国购买军舰、炮械问题。赫德写信委托在英国养伤的李泰国办理购买军舰八艘的事宜。5月14日，赫德将中国付给的购舰经费三万一千英镑函寄李泰国，并说这支舰队由外籍人士统率，舰员配备中国人。实际上他是企图建立一支名义上是中国海军，实际上是军权操之英国人之手的舰队。为购买这支只有八艘兵船的小舰队，清政府共支付白银八十万两，而且不知不觉地把指挥权授给外国人。赫德与李泰国商定，舰队领导人为英国人阿思本。1863年1月13日，李泰国擅自代表中国同阿思本签订十三条"合同"。这份"合同"，根据同治二年正月十六日（1863年3月5日）存档的原始抄本①："第一条，中国现立外国兵船水师，阿思本允作总统四年，但除阿思本之外，中国不得另延外国人作为总统。第二条，阿思本作为总统，中国所有外国样式船只或内地船雇外国管理者，或中国调用官民所置各轮船，议定嗣后均归阿思本一律管辖调度。""第四条，凡朝廷一切谕阿思本文件，均由李泰国转行谕知，阿思本无不尊办；若由别人转谕，则未能遵行。""第九条，此项水师，俱是外国水师，应挂外国样式旗号，一则因船上俱是外国人，非有外国旗号，伊等未必肯尽心尽力；一则要外国各商船不敢藐视。……"这份李泰国、阿思本"合同"，实在是帝国主义分子的狼子野心太暴露了，帝国主义企图轻而易举地攫取中国主权而完全控制在自己手中的侵略意图，实在是太明目张胆了。中国建立水师，倒成了"外国水师"，实在是欺人太甚了。这不是中国水师，明明白白地是一支英国的"李泰国——阿思本舰队"！

对于这样一件外国人强加的丧权辱国的"李泰国——阿思本舰队"事件，清政府是难以接受，也不敢接受的。同治二年五月（1863年6月中至7月中），总理各国事务衙门致函李鸿章（时任江苏巡抚），略称"李泰国（于1863年5月9日，随'李——阿舰队'一起由英国返抵上海，6月8日，与赫德一同由上海抵北京，进行'李——阿舰队'问题活动）到京即递折略条款章程数件，大意欲派阿思本为水师总统，李泰国会办。一切均由阿思本、李泰国

---

① 见《清末海军史料》第162~163页。

调度，而每年所需经费以数百万计，并请将各关税务全归管理，任其支取使用，欲借此一举将中国兵权利权全移于外国。自到本衙反复抗议，大言不惭，殊出情理之外，现与辩论十余日，业将总统一层议明，中国派汉总统一员与阿思本会办，其经费一层，尚待订定。"又奏称，此项轮船拟请旨饬下两江总督、江苏巡抚节制调遣，并饬拣派武职大员作为汉总统会同办理。"[①] 总理各国事务衙门并将其拟定的备议《轮船章程五条》一同寄与李鸿章。这份《章程》的大略是，"阿思本既帮中国作总统，由总理衙门发给札谕，俾有管带之权"，"此项兵船系中国置买，必期于中国有益，自应随机挑选中国人上船练习，……其行船、放炮及一切火器，阿思本务须督同船主（舰长）、员弁实心教练，以收实效"，"此项水师，轮船七只，又趸船一只，共计八只，其应支粮饷、军火及火食、煤炭、犒赏、伤恤银两，并一切未及预言之各项用款，议定每月统给银七万五千两，统归总税务司李泰国经理"。随函还附有李泰国一项呈文，该呈文中有："申请派员统带，并力荐该员阿思本……帮同中国武职大员会带此项师船，……该八船一切经费，议定四年之内均归总税务司（李泰国）一手支放。"[②] 六月（1863年7月中至8月中），李鸿章致函总理各国事务衙，略称："此项轮船，原拟入江后协剿九洑州、金陵等处。现在楚军（按，即湘军之一支）水陆业将九洑州沿江贼（按，对太平军的蔑称）垒次第踏毁，金陵已成合围之势，可毋用外国兵船会剿。查外国人性情揽权嗜利，不约皆同。今派武职大员作为该师船之汉总统，阿思本为帮统听督抚节制调遣，……虽外国兵弁、水手六百人之多，言语不通，气类不合，始则嫌于相迫，久或不能相容。又李泰国挽越调

① 《清末海军史料·舰船购造》，第163～164页。

② 《清末海军史料》，第164～165页。

度，尚未见阿思本之果听指挥，若彼再把持唆弄，颠倒是非，更难保统兵大员之不受挟制也。"① 从以上可以看出，李鸿章对总理各国事务衙门与李泰国商订的方案和《章程》，是心怀疑虑的。

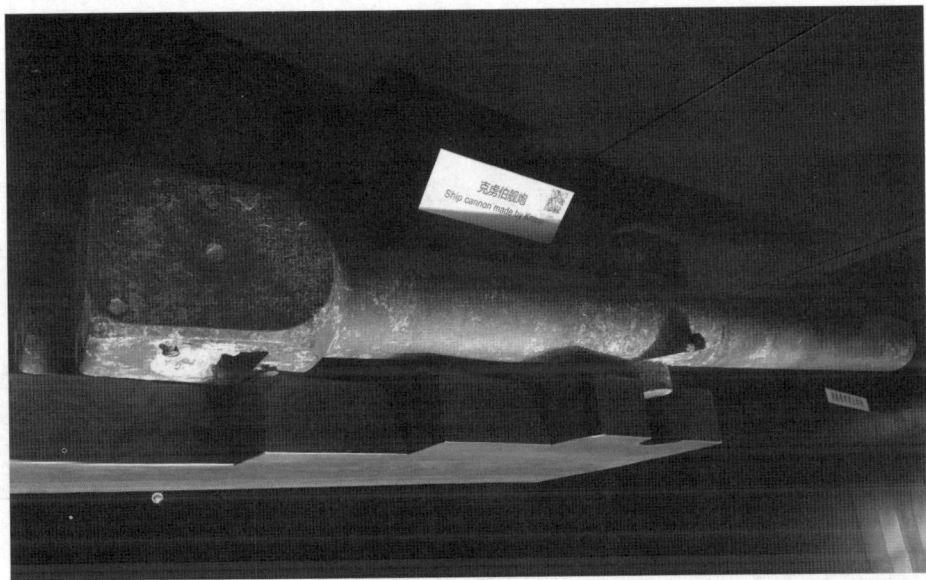

克虏伯大炮（摄于中国航海博物馆）

　　九月（1863年10月中至11月中），李泰国在一份禀文中称，"阿总兵与中国出力，只听大皇帝旨派，不能听大吏趋使。……阿总兵听外省调度，势不可行，若恭亲王（按，即奕䜣）未能允准，合应将轮船员弁遣回国。"于是总理各国事务衙门顺势"将前项轮船交阿思本带回英国变价发卖，款归中国。其船上弁兵人等及轮船回国薪水经费共三十七万五千两，饬该税司向银号代借，后由江海等六关按月拨还。"② 八艘兵船中的三艘中号兵船由中国留用，

---

①　《清末海军史料》，第165页。

②　《清末海军史料》，第165～166页。

中国古代近代海军教育资料选辑

船价银47万两。"李泰国——阿思本舰队"事件，历时两年有余，清政府共花费白银84.5万两，只买到三艘中号兵船。所幸并未酿成更大事端；同时，清政府趁机将李泰国总税务司一职革去，并不准他再有干涉中国事务的情由发生。总税务司一职从此落入另一位英国人赫德手中，为赫德把持中国海关、税收、测绘中国港区、辟新口岸等侵夺中国主权的行动，准备了条件。

建设中国近代海军，应该走什么道路，"李——阿舰队"事件给了清政府一个很大的教训：完全依赖外国人这一条路是行不通的。

第一次海防大筹议——海防塞防之争

日军侵台事件

日本侵犯台湾早有预谋。同治十三年（甲戌）二月十八日（1874年4月4日），日本以陆军中将西乡从道为"台湾番地事务都督"，设立"台湾都督府"，参议大隈重信为"台湾番地事务局长官"，公然"任命"其将领为干涉中国领土台湾"事务"的头目，其侵略野心昭然若揭。随后，长崎日军舰船18艘、3000人奉命准备向台湾出动。

日本侵犯台湾的借口是琉球船民被杀事件。

琉球自从明洪武五年（1372）年以来，就是中国的藩属。1609年，日本萨摩藩以武力占据琉球北部诸岛，并强迫琉球向萨摩藩纳贡，而琉球仍然同中国保持宗藩关系。同治十年（1871），琉球贡船两艘因航行中遇风被飘到台湾南部海岸，人员上岸后，有54人被当地土著高士佛、牡丹两社居民杀死。其余船员在台湾地方当局救助下转道福州返回琉球。两年后的1874年4月27日，西乡从道率领舰艇编队出发，先窜至厦门，于5月7日在台湾南部琅乔（今恒春）登陆，遭到当地民众顽强抵抗。5月11日，清政府照会日本外务省，抗议日军侵犯台湾。14日，清廷命船政大臣沈葆桢率舰赴台湾察看情况。29日，清廷任命沈葆桢为钦差大臣办理台湾等地海防并兼理各国事务大臣，被授权节制福建各镇道，江苏、广东各沿海港口海军舰艇准其调遣。在此期间，总理各国事务衙门和闽浙总督李鹤年曾多次照会日本，抗议、要求日本立即从台湾撤兵，但是，日本拒不撤军。而且，日军意在6月3日攻占牡丹社，在龟山建立侵台"都督府"。14日，文煜、李鹤年、沈葆桢奏《遵旨会筹台湾防务大概情形》折，提出防备日本侵台措施：联外交、信省利器、储人才、通消息等，获准。① 沈葆桢在福建布政使潘霨、船政监督日意格、帮办斯恭塞格陪同下，率舰由马尾港起航赴台湾，于17日抵台湾安平（今台南市）。赴台兵力为福建海军舰艇12艘，这些舰艇全部是福州船政所建造，它们是"扬武"（旗舰）、"飞云""安澜""靖远""振威""伏波"等六舰常驻澎湖，"福星"舰驻台北，"万年清"驻厦门，"济安"驻福州，"永保""琛航""大雅"等三舰载运淮系武毅铭字军6500人，由提督唐定奎统率。另调南洋水师"测海"舰负责通信联络。双方兵力对比，日方处于劣势。中日双方多次谈判，均无结果。英、美、法等三国出面调停，清政府决定妥协。同治十三年九月二十二日（1874年10月31日）中日签订《北京专条》，专条中称，日本此次出兵"原为保民义举起见，中国不指以为不是"，中国并付给日本"恤银"50万两了结。日本撤军，中国清政府等于默认琉球为日本所属。

日本侵犯台湾事件，是在中国近代海军建设刚刚起步时震惊中

———

① 《清末海军史料》，第2～5页。

国朝野的重大事件。

清代克虏伯（克鹿卜）海岸炮管理办法（摄于中国航海博物馆）

中国航海博物馆复原的明代福船，中桅高26米。

（摄于中国航海博物馆）

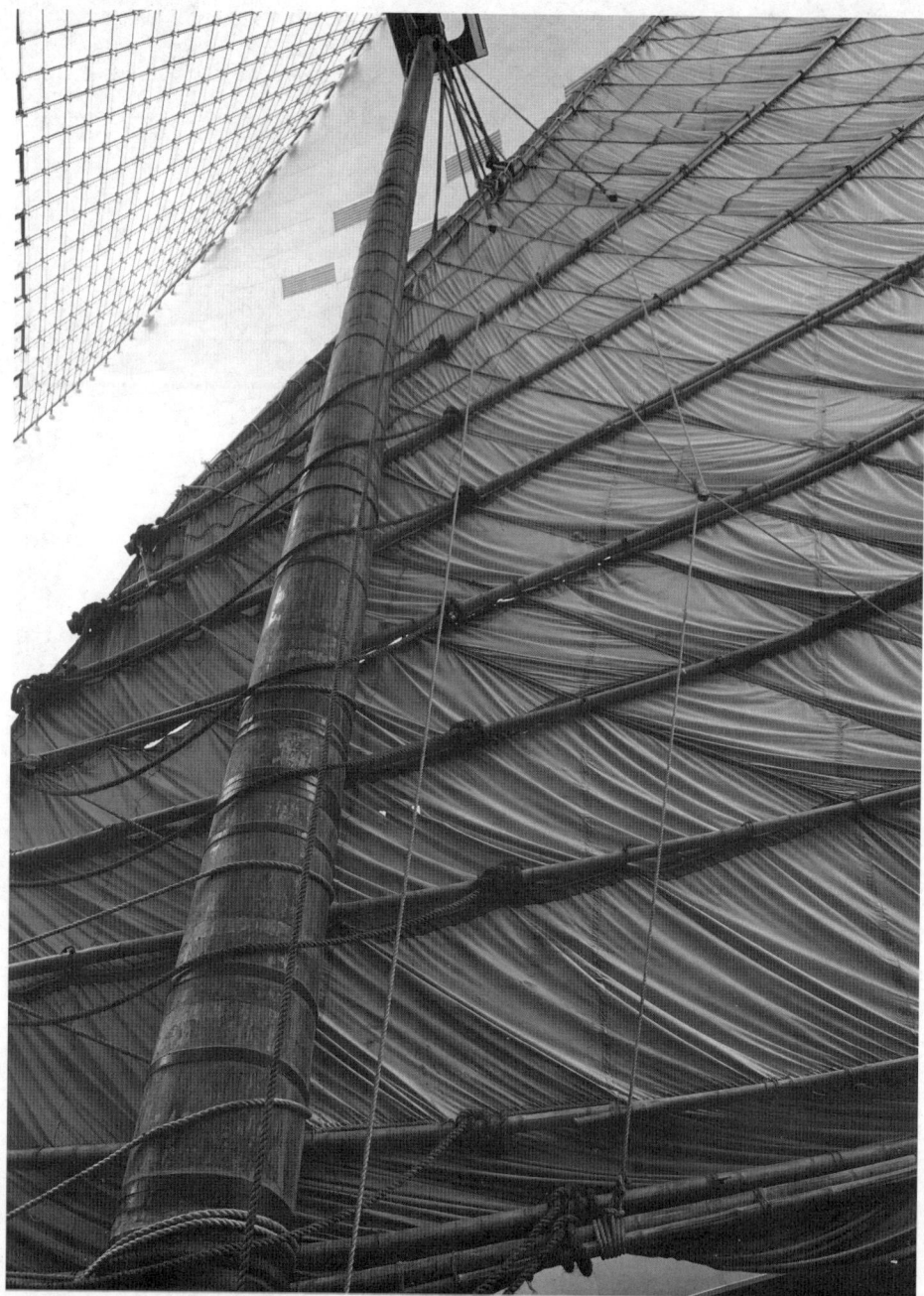

中国航海博物馆复原的明代福船主桅杆（摄于中国航海博物馆）

第一次海防大筹议——海防塞防之争

《北京专条》签订后的第六天，同治十三年九月二十七日（1874年11月5日），总理各国事务衙门上奏《拟筹海防应办事宜折》称："窃查日本兵据台湾番社之事，明知彼之理曲，而苦于我之备虚。据沈葆桢来函，谓现在兵端未开，澎湖、鸡笼（按，今基隆）等处，彼以避风为词，宜防而未宜遽阻；然现为筹防之计，购买铁甲轮船未成。李鸿章函述，曾致沈葆桢信，并令提督庚定奎只自扎营操练，勿遽开仗。实以一经决裂，滨海沿江，处处皆应设防，各口之防难恃，不得不慎于发端。虽累经奉严饬各疆臣实力筹备，而自问殊无把握。今日而始言备，诚病其已晚；今日而再不修备，则更不堪设想矣。

"溯自庚申之衅（按，指1860年第二次鸦片战争的失败），创钜痛深。当时始事羁縻，在我可亟图振作。人人有自强之心，亦人人为自强之言，而迄今仍并无自强之实，从前情事几于日久相忘。臣等筹办各国事务，于练兵、裕饷、习机器、制轮船等议屡经奏陈筹办。而歧于意见致多阻格者有之；绌于经费，未能扩充者有之；初基已立，而无以继起持久者有之。同心少，异议多；局中之委曲，局外未能周知；切要之经营，移时视为恒泛，以致敌警猝乘，仓皇无备。有见于前，不得不思毖于后。

"现在日本之寻衅生番，其患之已见者也。以一小国之不驯，而备防已苦无策，西洋各国之观变而动，患之濒见而未见者也。倘遇一朝之猝发，而弭救更何所凭。及今亟事绸缪，已属补苴之计；至此仍虚准备，更无求艾之期。惟有上下一心，内外一心，局中外一心，自始至终，坚苦贞定。且历之永久一心，人人皆洞悉底蕴，力事讲求，为实在可以自立之计，为实在能御外侮之计，庶几自强有实，而外侮潜消。昔人云："能守而后能战，能战而后能和。"此人所共知，而今日大局之万不可缓者也。

"臣等悉心公共商酌，谨将紧要应办事宜，撮叙数条，请饬下南北洋大臣，滨海沿江督抚、将军，详加筹议，将逐条切实办法，限于一月内奏复，再由在廷王大臣详细谋议。如臣等所拟各条，佥议相符，即应确切筹办。如各条外别具良策，亦即一并奏陈会议，均于议定后请旨遵行"。附上周家楣"拟奏海防亟宜切筹武备必求实际疏"。该疏所奏五条为：练兵，备船，简器，设厂，筹饷。同治皇帝上谕："该王大臣所陈练兵、简器、造船、筹饷、用人、持久各条，均系紧要机宜。著李鸿章、李宗羲、沈葆桢、都兴阿、李鹤年、李瀚章、英瀚、张兆栋、文彬、吴元炳、裕禄、杨昌濬、刘坤一、王凯泰、王文韶详细筹议。将逐条切实办法，限于一月内复奏。"[①] 总理各国事务衙即日将上谕和原奏折、附件一并抄发北洋大臣李鸿章、两江总督兼江苏巡抚李宗羲、钦差办理台湾等处海防兼理各国事务大臣沈葆桢、盛京将军都兴阿、闽浙总督李鹤年、湖广总督兼署湖北巡抚李瀚章、西广总督英瀚、署两广总督广东巡抚张兆栋、漕运总督署山东巡抚文彬、江苏巡抚吴元炳、安徽巡抚裕禄、浙江巡抚杨昌濬、江西巡抚刘坤一、福建巡抚王凯泰、湖南巡抚王文韶等。第一次海防大筹议由清廷发动而开始。

不久，奉旨筹议的各督抚、将军、大臣的复奏陆续到京。在筹防问题上，除两江总督兼江苏巡抚李宗羲、湖南巡抚王文韶主张应以筹备陆防为重，两广总督英瀚、安徽巡抚裕禄主张应先筹备江防以外，其余督抚、大臣都不同程度地支持切筹海防。都认为"御外之道，莫切于海防"，"海防一事，为今日切不缓之计"，是关系

---

① 《清末海军史料》，第5～9页。

全局的"第一要务"。同意总理各国事务衙门"原奏六条，均以为亟应筹办"。明确中国海防应以日本为主要假想敌。尤其是军机大臣兼总理衙门大臣文祥，于同治十三年十月二十八日（1874年12月6日）的"加强海防"奏折，具有代表性。文祥奏称："目前所难缓者，惟防日本为尤亟。以时局论之，日本与闽浙一苇可航。倭人习惯食言，此番退兵，即无中变，不能保其必无后患。……明季之倭患，可鉴前车，……当台湾有事之秋，曾议买铁甲船，购水炮台，仓猝莫办。……今倭兵既退，正宜及此无事之时，认真办理，不容稍懈。"

　　在海防筹议中，建立中国近代海军是中心议题。议者对于建立新式海军的必要性和紧迫性，在认识上基本趋于一致，认为"海防之要，莫重于水师"。而中国现有旧式水师"断不足以制洋人"。关于建立新式海军问题，总理各国事务衙门原奏所附周家楣的奏疏中称："挑选精壮曾经战阵之兵勇，另立海军，以一万二千五百人为率，简派知兵大员帅之，就中分五军，每军二千五百人，各以得力提镇大员分统之。"[1] 广东巡抚张兆栋奏呈丁日昌拟"海洋水师章程"六条，提出分区建立北、东、南三洋海军："北、东、南三洋联为一气。查直隶至粤东洋面，南北五千余里，沿海要害，互相关涉，宜如长山之蛇，击首尾应。拟设北、东、南三洋提督。以山东益直隶，而建阃于天津，为北洋提督。以浙江益江苏，而建阃于吴淞，为东洋提督。以广东益福建，而建阃于南澳，为南洋提督。"[2] 张兆栋此奏，皇帝批示由总理各国事务衙门下发上述各督抚。湖广总督李瀚章、闽浙总督李鹤年主张分设南北洋外海水

---

①　《清末海军史料》，第7页。

②　《清末海军史料》，第11页。

师。直隶总督李鸿章、漕运总督兼山东巡抚文彬、浙江巡抚杨昌濬、江西巡抚刘坤一、福建巡抚王凯泰等大多数督抚赞同丁日昌建立三洋水师的倡议。陕甘总督左宗棠则反对划洋分建海军，他认为，若划三洋，畛域攸分，意见难同，势必贻误，产生不良后果。关于海军舰艇装备问题，督抚的复奏普遍认为，外国轮船枪炮愈制愈精，国内厂局一时只能仿造，因此"暂宜购之外洋"，从长远计"必须制之中土"实现自造。

光绪元年三月七日（1875年4月12日），陕甘总督左宗棠"复陈海防、塞防等情形折"称："窃惟时事之宜筹，谟谋之宜定者，东则海防，西则塞防二者并重。"在海防方面，"始事所需，如购造轮船、购造枪炮、购造守具、修建炮台是也；经常之费，如水陆标营、练兵、增饷及养船之费是也。闽局造船渐有头绪，由此推广精进，成船渐多，购船之费可省。雇船之费可改为养船之费，此始事所需，与经常需无待别筹者也。"[①] 因此左宗棠认为，海防、塞防二者并重，勿须"停撤（塞防）之饷匀济海防"，而海防的经常费用，也须保证。

此次海防大筹议，在建立中国近代海军问题上，上下认识趋于一致，分洋建军也取得共识。在舰艇装备建设上，确定采取外购与自造并举的方针。在塞防（主要指西北边防）与海防问题上，在经济实不充裕的情况下决定两者并举、不可偏废的方针。这些重大决策，对于中国近代海防与海军建设，对于西北边防措置，都具有重大意义，从而使中国近代海军建设开始步入有计划有重点的实行阶段。

---

① 《清末海军史料》，第221～222页。

引进技术，自力更生，建设海军

建设海军，一要有舰艇，二要有人才。这两项，在中国近代，在日趋衰败的清王朝统治的中国，都是空白，都须白手起家。因此，从拥有先进科学技术的西方国家引进造船技术、引进海军科学技术，用自己的力量去建立一支近代海军，这就成为一个面临的、必须解决的大问题。这个问题自然成为一些开明的、有头脑的当权人物探求、解决的一大课题。

为筹谋"造舰育材"以启动中国近代海军建设的第一人是左宗棠。

左宗棠（1812～1885），晚清军事家、洋务派重要代表人物，湘军统帅，建立中国近代海军的倡导者。字季高，湖南湘阴人。青年时期，即注重经世致用之学。道光十二年（1832）举人。后屡试均不及第，遂在乡间为塾师。第一次鸦片战争爆发后，注意研究外国和军事，钻研简练水卒、设立水寨、建立工厂制造战船及火炮等抗击帝国主义入侵的措施，写成"料敌""定策""器械"等论著。咸丰二年（1852），入湖南巡抚张亮基幕府，为其镇压太平军出谋划策。咸丰十年（1860），以四品卿衔级为湘军统帅曾国藩襄理军务。招募、编练一支由5000人组成的军队，号称"楚军"，列为湘军之一支。1861年，太平军已席卷浙江，受命督办浙江军务，与太平军作战，遂被任命为浙江巡抚。1863年4月，升任闽浙总督，兼署浙江巡抚。借助法国人组织的"常捷军"，即由法国侵略者勒伯勒东、法尔第福（买忒勒）、德克碑第率领的镇压太平军的"洋枪队"，先攻克太平军占据的富阳城；翌年4月1日，攻陷太平军占据的杭州。被封一等伯爵，赐名"恪靖"。遂后，入闽、入粤作战，于同治五年（1866）初，围攻嘉应州（今广东梅州），歼灭太平军余部，班师回闽。同年五月十三日（6月25日）左宗棠上疏清廷，倡议为建立中国近代海军，首先在福建兴建船政。左宗棠在奏折中写道："我国家建都于燕，津沽实为要镇。自海上用兵以来，泰西各国火轮、兵轮直达天津，藩篱竟成虚设，星弛飚举，无足当之。"指出自洋船载货行销各国以来，中国商务减色，漕运困难，所以"欲防海之害，而收其利，非整理水师不可；欲整理水师，非设局建造轮船不可。泰西巧，中国不必安于拙也；泰西有，而中国不能傲以无也。……彼挟所有，我独无之，譬犹渡河，人操舟而我结筏；譬犹使弓，人跨骏而我骑驴可乎？！""轮船成，则漕政兴，军政举，商民之困纾，海关之税旺，一时之费，数世之利也。"并提出"福建海口罗星塔一带，开漕浚渠，水深土实，可为建厂之地"。

同治五年六月初三日（1866年7月14日），皇帝（载谆）批准左宗棠奏请，在福建建船政制造轮船，其经费由闽海关酌量提供。正在左宗棠筹划期间，八月十七日（9月25日），左宗棠奉命调任陕甘总督。九月二十三日（10月31日），左宗棠奏，已令法国人日意格等人选定建立船政地址，在福州马尾，请下旨特命前江西巡抚沈葆桢接替总理船政。十月十三日（11月19日），清廷谕旨，命沈葆桢总理船政事务。并命福州将军英桂、福建巡抚徐宗干，关于筹建船政事宜及经费需用等，随时与沈葆桢会商解决。十月十五日（11月21日），英桂奏请允准，由闽海关四成结款项下拨银40万两作为筹建船政经费。十一月初五日（12月11日），左宗棠奏报，已与洋员日意格、德克碑订立清折：由日意格监督轮船制造，德克碑协理；从船政铁厂开工之日起的五年之内，建成蒸汽兵船十六艘；先从国外进口蒸汽机两台，其中一台装备新制成的船，另一台供初学仿造的参考；购置铁厂机器设备，用于自造蒸汽机，兼造枪炮；开办船政学堂，培养中国自己的兵船驾驶人材和造舰人材；日意格、德克碑月薪银各1000两。左宗棠又奏，日意格已经法国驻上海总领事白来尼（M. Brenier de Montmorant）印押担保。所有船政的铁厂、船槽（即船坞）、船厂、学堂、办公房、工匠住所、筑基砌岸等一应工程，经由日意格委中外殷实厂商承包，共需银24万两。十一月十七日（12月23日），福州船政动工兴建。

福州船政是清廷特命钦差大臣的办事机构，首任总理大臣是沈葆桢，他对皇帝负责，不受当地督抚节制。

沈葆桢（1820～1879），中国近代海军的主要创始人之一。字幼丹，福建侯官（今闽侯）人。林则徐之婿。道光二十七年（丁未，1847）进士。咸丰五年（1855），任江西九江知府，随曾国藩襄理湘军营务。旋署广信（今上饶）知府。同治元年（1862），由曾国藩推荐，任江西巡抚。同治五年十月十三日（1866年11月19日），由左宗棠奏荐，旨奉首任福州船政总理大臣，筹建福州船政。在他的策划指挥下，建成福州船政。船政下辖福州船厂和船政学堂。成为为建立中国近代海军的第一座设施，也是主要的造舰育才基地。船政所属其他机构有办公所、工程处、绘事院、考工所等。

福州船政继沈葆桢之后的历任船政大臣有丁日昌、吴赞成、张佩纶、裴荫森，船政督办黎兆棠、张梦元、何如璋，总办杨正仪，兼管卞宝第、谭钟麟、边宝泉、裕录、增祺、善联、许应骙、景星、崇善、松寿，会办沈翊清、魏瀚、郑清濂。中华民国元年（1912），福州船政改称福州船政局，归隶福建省，历任船政局局长为林颖启（未莅任）、杨执中、翁浩、萧奇斌、郑清濂、陈兆锵。1926年，改制为马尾造船所，历任所长为马德骥、袁晋、韩玉衡、张传钊。

1918年，马尾造船所内附设飞机制造工程处，委任毕业于美国麻省理工学院航空工程系的巴玉藻为主任，王助、王孝丰、曾贻经为副主任。该处于1931年1月，改隶江南造船所（位于上海）。

造 舰

造舰，是中国近代海军建设中舰艇装备的重要来源。

福州船厂

福州船政所属福州船厂，于同治八年（1869年）所建造的第一艘蒸汽船——"万年清"下水，直至光绪三十一年（1905），福州船厂在40年间共建成兵船40艘，它们依次是：木壳轮船"万年清"（商船），木壳兵船"湄云"，木壳兵船"福星""伏波""安澜""镇海""扬武"（巡洋舰）、"飞云""靖远""振威""永保""海镜""济安""琛航""大雅""元凯""艺新""登瀛洲""泰安"，铁胁木壳兵船"威远""超武""康济""澄庆""开济"（巡洋舰）、"横海""镜清"（巡洋舰）、"寰泰"（巡洋舰）、"广甲"（巡洋舰），钢壳钢甲兵船"平远"（巡洋舰）、"广乙"（巡洋舰）、"广庚""广丙"（巡洋舰）、"广丁"（"福靖"，巡洋舰）、"通济"（练船）、"福安""吉云"（拖船）、"建威"（驱逐舰）、"建安"（驱逐舰）、"建翼"（鱼雷艇）、"宁绍"（商船）。民国期间至1918年，只建成炮艇"海鸿""海鹄"两艘，以上共42艘。附设的飞机制造工程处，于1918年8月，制造成功第一架水上飞机甲型1号，至1935年，共制造成功水上飞机二十架，陆上飞机一架。

江南机器制造总局——海军江南造船所

清同治四年（1865），"江海关道丁日昌奉署两江总督李鸿章之命，以四万两白银买下上海虹口的旗记铁厂的全部设备，又以两万两白银购买该厂的库存材料及工具。""李鸿章以此厂为基础，将丁日昌、韩殿甲分别主持的两个洋炮局合并进来，成立江南机器总局。该局分别由丁日昌、韩殿甲、冯俊光任总办、会办、襄办，雇用七名洋将，聘原旗记铁厂厂主科而为总监工。不久，容闳从美国买到的一百多台机器运抵上海，经李鸿章奏请清廷批准，全部拨给江南制造局。"① 1967年夏，江南机器制造总局由虹口迁入上海城南高昌庙新厂址。

1866年7月19日，李鸿章致函总理各国事务衙门，要求在江南机器制造总局筹备建造轮船。12月，曾国藩回任两江总督。1867年5月，曾国藩奏请清廷批准江南机器制造总局建造轮船，并批准将两江截留的江海关两成洋税中的一成专供江南机器制造总局造船需用。该局规模逐步扩大，已建立机器厂、木工厂、铸铜铁厂、熟铁厂、轮船厂、汽炉（锅炉）厂、枪厂、炮厂、船厂和工程处。原来只造枪、炮等军火，发展到也建造舰船。

江南机器制造总局的舰船建造，最先由徐寿、华衡芳、徐建寅（徐寿之子）三人主持。这三人都是中国近代科学家。

徐寿（1818～1884），字雪村，号生元，江苏无锡人。自幼摒弃旧学，学习西方先进的科学技术。与少年华衡芳志趣相同，成为

---

① 《中国近代舰艇工业史料集》，第823页。

挚友。咸丰十一年（1861）以奇异才能奉曾国藩之召，携子徐建寅同华衡芳一起去安庆内军械所，试建轮船。1864年，在南京造成中国第一艘小型蒸汽船——"黄鹄"。1866年，徐寿被派往江南机器制造局主持造船工作。1873年，任江南机器制造总局提调。

江南造船所

华衡芳（1833～1902），字若汀，江苏金匮（今属无锡）人。少年时，即热爱数学，广泛学习中国古典数学，如《九章算术》、《周髀算经》等。1847年，与徐寿结识，接受西方先进的科学知识。1861年，与徐寿、徐建寅一起到安庆内军械所，与徐寿一起研究蒸汽船，主要负责船体计算和制造。1866年，与徐寿一起派往江南机器制造总局。

"定远"号铁甲舰

收藏于美国亚洲文化学院"镇远"舰陈设炮

徐建寅（1845～1901），又名寅，字仲虎，徐寿之次子。江苏无锡人。1861年，随其父与华蘅芳一起入安庆内军械所，协助徐寿、华蘅芳工作。1866年，又随父与华蘅芳一起到江南机器制造总局，参与建造蒸汽舰船。1873年，与其父徐寿同时被任命为江南机器制造总局提调。1874年，调天津机器局。1875年，调山东机器局。1879年，任驻德国使馆二等参赞，在此期间，受北洋大臣李鸿章委托，购买铁甲舰。为此，他赴德、英、法造船厂和海军基地考察，仿英、德之制，"集两者之长，去两者之弊"，最后德国"伏尔铿"造船厂定造"定远""镇远"两艘铁甲舰。1884年，奉调回国。1886年，奉命督办金陵机器局。1896年，调任福州船政提调。1900年，任汉阳钢药厂总办。1901年3月12日，在试验中，发生爆炸事故，以身殉职。

1894年中日甲午战争以后，江南机器制造总局由于经费短缺，管理混乱，船坞荒废。1904年冬，两江总督周馥奉命到江南机器制造总局视察，看到业务凋零，生产萎缩，认为"非认真整顿，无由振兴"。遂拟定厂、坞分开，商务化经营的整顿方案。1905年4月，船坞独立建制，称江南船坞，进行商业化经营。中华民国成立后，1912年4月，江南船坞收归海军部管辖，更名为江南造船所。

江南机器制造总局——江南船坞——江南造船所

于同治七年（1868）建成第一艘木壳兵船"惠吉"（明轮船），此后建成木壳兵船"测海""操江""威靖""海晏""驭远"，小型铁甲船"金瓯"，木壳铁胁兵船"钧和"，钢板兵船"保民"，炮舰"甘泉""安丰""联鲸""澄海""永健""永绩""海鸥""海鸥""咸宁""永绥""民权""民生"，驱逐舰"大同"（"建安"改建）、"自强"（"建咸"改建），轻巡洋舰"平海""逸仙"，还改造炮舰"威胜""德胜""公胜""顺胜"，改造炮艇"义胜""诚胜""勇胜""仁胜"等，一并建成破冰船"引擎""麦士门"，拖船"利川"等舰艇（船）

共36艘。

逸仙号巡洋舰

广东军装机器局黄埔海军造船所

同治十二年（1873），两广总督瑞麟派在籍员外郎温子绍为总办，负责筹办广东军装机器局。厂址设在广州文明门外聚贤坊。同年4月，该局向香港购买机器，次年建成，共用白银1.5万两。"①光绪元年（1875），广东巡抚、署两广总督张兆栋在广州西门外增鎕开设广东军火局，并附设船厂，光绪四年（1878）竣工，共用白银7.4万余两。光绪三年（1877）时，两广总督刘坤一获准以洋银8万元购得英商设在黄埔的"柯拜""录顺""于仁"等三座船坞，除用"于仁"船坞原址作开办西学馆以外，其余两座船坞则归属广东军装机器局建制。光绪十年（1884），广东军装机器局与广

---

① 《中国近代舰艇工业史料集》，第852页。

东军火局合并，易名为广东制造局，制造舰船、枪炮等军火。同年
5月，张之洞任两广总督，他认为："三洋海面，以粤为中；中国
之有洋务，以粤为始；探洋情，买洋械，以粤为便"。[①] 他利用
广东这一有利条件，整顿广东军事工业布局，以筹建粤洋海军。张
之洞与广东巡抚倪文蔚上奏请设黄埔水雷局、鱼雷局。光绪十一年
（1885），张之洞委派广东水师提督方耀为督办，在广东军装机器
局的基础上，开办黄埔船局。1916年，黄埔船局所属船坞被广东省
实业厅接管，并改名为黄埔船厂。1945年，抗日战争胜利后，黄埔
船厂改名为黄埔海军造船所。历任总办温子绍、王葆辰、林贺峒、
邓正彪，局长刘义宽，所长吴趋时、邹振鹏、谭刚、张钰、程璟、
赵以辉。

　　1873～1949年的76年间，由于多次变更建制，改易名称，政
局、人事不稳定，致使摊子不小，事业并不兴旺。它所建成的舰艇
多为小型舰艇。计有：木壳炮艇"海长清""执中""镇东""缉
西""海东雄""图南"，木壳铁胁炮艇"广元""广亨""广
利""广贞"，铁甲炮舰"广金""广玉"，共12艘。

大沽船坞——大沽造船所

　　光绪六年（1880），负责北洋海防、筹建北洋海军的直隶总
督李鸿章，委派天津海关税务司德璀琳、道员马建忠在大沽海神
庙附近购7.34万平方米，建设船坞，以备北洋海军修船之用。同
年11月建成，费银40余万两。名为北洋水师大沽船坞。从光绪八
年（1882），大沽船坞开始建造舰船。中华民国成立后，1913年2
月，北京政府海军部将北洋水师大沽船坞改名为海军大沽造船所。

---

① 《中国近代舰艇工业史料集》，第853页。

历任总办：罗丰禄、文瑞、高骖麟、顾元爵、张鼎祜、潘志俊、周学熙、窦以筠、沈瑞庆、董遇春，所长吴毓麟、寇玉麟、柴士文、李家骥、李乐滨、张奎文、林崇桂、元善初、刘宗法、刘笃恭、何嘉兰、王开冶、王传炯、吴振宏、陈万清、邱崇明。

自1882年开始造船以来，所造舰艇均属小型舰艇，有："乾"字1、2号鱼雷艇，炮艇"飞凫""飞艇"，炮舰"海鹤""海燕"，布雷船"宝筏"，改建练船"敏捷"，共计八艘。

广南船坞——广南造船厂

广南船坞创建于1914年，位于广州西南的东塱。1931年，改名为广南造船厂。主要是建造民船和修船。仅建造浅水炮舰一艘——"海维"。

购　舰

购舰，是中国近代海军建设中舰艇装备又一重要来源，而且是大型舰艇的主要来源。

同治二年（1863），委托总税务司李泰国从国外购进蒸汽兵船"天平"，这是购舰之始，至1916年，分37批向英、德、美、日等国和国内"扬子"公司购买兵船"安澜""镇涛""澄清""绥靖""飞龙""镇海""澄波""海东云"，鱼雷艇"雷龙""雷虎""雷中""雷乾""雷坤""雷离""雷坎""雷震""雷艮""雷巽""雷兑""福龙""左一""左二""左三""右一""右二""右三""辰""宿""列""张""海龙""海青""海华""海犀""湖鹏""湖鹗""湖鹰""湖隼"，单雷艇四艘，炮船"福盛""建胜""福安""楚泰""楚同""楚豫""楚有""楚观""楚谦""舞凤""江犀""江鲲""永丰""永翔""江元""江亨""江利""江贞""建中""永安""拱宸""龙骧""虎威""飞霆""策电""镇东""镇南""镇西""镇北""镇中""镇边",驱逐舰"飞霆""飞鹰""建康""同安""豫章",巡洋舰"超勇""扬威""济远""南琛""南瑞""致远""靖远""经远""来远""海天""海圻""海筹""海容""海琛""肇和""应瑞",铁甲舰"定远""镇远",练船"建威"。共计九十八艘。

1896年,向德国订购的巡洋舰"海琛"号抵达大沽,系清末主力舰。

育 才

中国近代海建设，除去舰艇装备这个支柱以外，更重要的支柱是人才。在人才培育上，是需要更大投入，以建立教育基地、多种教育机构，以培养多方面的人才，尤其是需要教育培养大量的舰艇指挥军官、舰艇专业军官和舰艇建造的工程、技术的专家。中国近代海军教育的第一个基地，就是福州船政——船政学堂。这是建立最早、持续时间最久、教育培养海军人才最多的一所世界闻名的海军学校。近代海军人才的27％以上是在这里教育培养出来的，中国近代海军、尤其是初建时期的中国近代海军著名舰艇指挥军官、著名将领、著名人物都是由这座教育基地教育培养出来的。在这个意义上，可以说福州船政——船政学堂是中国近代海军的摇篮。而且，福州船政学堂在社会上早已创立起一种社会文化，即中国近代海洋文化的流派在传播。

继船政学堂之后，又兴起一系列海军学校，形成海军教育机构体系。它们大都是仿照船政学堂的学制、课程设置、教育制度等开办起来的。这些海军学校有：天津水师学堂、广东黄埔水师学堂、江南水师学堂、烟台海军学校、北洋鱼雷学堂、威海海军学校、湖北海军学校、海军飞潜学校、天津海军医学校、青岛海军学校、江阴电雷学校；还有航空飞行训练班、海道测绘训练班、无线电训练班、无线电报警传习所等。

这些海军教育机构教育培养的海军舰艇指挥军官、海军舰艇专业军官、海军舰艇（飞机）制造工程、技术专家等共有3970名（含包括地方院校为海军教育培养的海军指挥、制造和专业人才210名）。其中指挥军官和专业军官2975名，制造工程技术专家

370 名，水鱼雷人才 138 名，无线电人才 242 名，医务人才 218
名，观象人才 17 名，化学技术人才 10 名。这些人才，成为中国
近代海军舰艇部队指挥军官（舰艇长）、专业军官（部门长）、制
造工程技术专家、教员等各方面的骨干力量，对中国近代海军建设
作出巨大贡献。

中国近代海军的成军

在1874年11月开始的第一次海防大筹议以后，为推行海防塞防二者并重的决策，光绪元年四月二十六日（1875年5月30日），皇帝谕令："总理各国事务衙门奏，遵议筹办海防事宜分别开单呈览各折、片，海防关系紧要，既为目前当务之急，又属国家久远之图，若筑室道谋，仅以空言了事，则因循废弛，何时见诸实行？亟宜未雨绸缪，以为自强之计。惟事属创始，必须通盘筹画，计出万全，方能有利无害。若始基不慎，过于铺张，既非切实办法，将兴利转以滋害，贻误曷可胜言。计惟有逐渐举行，持之以久，讲求实际，力戒虚糜，择其最要者，不动声色，先行试办，实见成效然后推广行之，次第认真布置，则经费可以周转，乃为持久之方。南北洋地面过宽，界连数省，必须分段督办，以专责成。著派李鸿章督办北洋海防事宜，派沈葆桢督办南洋海防事宜，所有分洋、分任练军、设局及招致海岛华人诸议，统归该大臣择要筹办。其如何巡历各海口，随宜布置，及提拨饷需，整顿诸税之处，均著悉心经理。如应需帮办大员，即由李鸿章、沈葆桢保奏，候旨简用。各该省督、抚务当事事和衷共济，不得稍分畛域。陆军须归并训练方能得力。著各该督、抚各就地方形势，量更旧汛，合营并操，画一训练，限一年内办理就绪，奏请派员查阅。江防与海防表里，著彭玉麟、杨岳斌会同李成谋勤加操练，俟海防船炮购成，应择要添设兵轮船若干只，配兵练习，著与李鸿章、沈葆桢会同办理。云南、四川、广东、广西、福建各边境，均有洋人窥伺，并著各该督、抚整顿吏治、军政，留意交涉事件，以固边防，勿得轻启衅端，以致不可收拾。至铁甲船需费过巨，购买甚难，著李鸿章、沈葆桢酌度情形，如实利于用，即先购一两只，再行续办。海防用度浩繁，如何提拨应用，即著户部、总理各国事务衙门妥议具奏；并著内务府大臣量入为出，裁汰浮费。户部、工部于应发款项著详细酌核，力杜浮冒。各省公私各费，该督、抚务当实力撙节，以裕国用。开采煤铁事宜，著照李鸿章、沈葆桢所请，先在磁州（按，今河北磁县）、台湾试办，派员妥为经理；即当需用外国人之处，亦当权自我操，勿任彼族挽越。……此次议奏，有关系西北及防范俄人事务，业由总理各国事务衙门抄寄左宗棠阅看，即著该大臣通盘筹画，以固塞防。"

为解决海防与海军建设经费保障问题，在皇帝下达光绪元年四月二十六日（1875年5月30日）谕令后，总理各国事务大臣奕䜣上"奏请由洋药厘金项下拨南北洋海防经费折"。该折称："开办海防以筹饷为第一要事，……现拟为海防筹饷，应先于洋税（按，指海关税）、厘金（按，指1%的商业税）两项内酌量指拨，庶款皆有着，而事可经久。……查四成洋税一项，系奏明专解部库之款。然历年以来，或提拨陕、黔、准等军月饷，或留充机器局费用，且有并非紧要用款，随便挪用，均未能全数批解。同治十三年分，各海军应提四成洋税共银三百九十六万三千余两，实解部银一百三十四万七千余两，只有三分之一。若欲划充海防饷需，必须各省关通盘筹画，核其实而先其急，方为有济。至厘金分盐斤、百货、洋药（按，指进口鸦片）三项，药厘（按，指鸦片进口税）为数无多，盐分川、楚（指湖北）、淮（指安徽）各处抽收互有盈绌，唯货厘一项合天下而总计之，每年约收银一千数百万两，实为进款大宗，屡经户部奏令各直、省实力整顿，务使涓滴归公。本年正月间，复钦奉上谕，令各督、抚饬藩司（按，一省管理人事与财务的官员，别称布政使）查核造报，并经户部专折复陈。如果经理得宜，尽除中饱、偷漏等弊，自可留其有余以备海防支用。……粤海、潮州、闽海、浙海、山海等五关并沪尾、打狗（高雄）二口，应提四成内二成洋税，应令按结分解督办南北洋海防大臣李鸿章、沈葆桢兑收应用，不准迟延短欠。……厘金进款，……查江苏、浙江、江西、福建、湖北、广东六省，每省每年抽厘约收银二百余万两及一百数十万两不等，数目倍于他省，匀拨自易为力。拟请于江苏厘金项下每年酌提银四十万两、浙江厘金项下每年酌提银四十万两、江西厘金项下每年酌提银三十万两、福建厘金项下每年酌提三十万两、湖北厘金项下每年酌提银三十万两、广东厘金项下每年酌提银三十万两，每省各分解督办南北洋海防大臣李鸿章、沈葆桢兑收应用。此系视各省收数量为指拨，各督、抚务须饬令藩司等随收随解，于每年五月内批解一半，十月内扫数全完，俾资要用。……自本年七月为始，遵照此次奏案，按期如数批解，不准丝毫蒂欠；倘有借词推诿及延不报解情事，即由督办南北洋海防大臣指名奏参。综而计之，粤海等关四成洋税如将来协饷借款停拨扣完后，每年约得银二百数十万两，加以酌拨各省厘金银二百万两，以之抵充海防经费。……至臣衙门议复海防事宜原奏于'练兵'条下，拟先就北洋创设水师一军，俟力渐充，就一化三。当此开办之际，自应先其所急，用资集事，以后逐渐经营。一切支应，仍由南北洋督办大臣等酌量缓急情形，和衷商拨应用，合力统筹，勿存畛域。……该大臣等当念国家财用艰难，一切应办各节，务须择要举行，实事求是，毋任承办人员铺张局面，冒滥支销，虚糜帑项，是为重要。……"

清廷的这些谕旨、决定，是关于海防、海军、边防、江防等建设，购舰、筹款、用人以及采煤铁矿等方针、方法的全面部署，并任命李鸿章为督办北洋海防大臣，沈葆桢为督办南洋海防大臣。中国近代海军建设，由北洋、南洋入手进入实行阶段。北洋海军建设是重点，目的是及早成军，以对付日本的海上入侵。南洋又分为两支，一支是南洋水师，一支是福建海军。而福建海军，由于有福州船政作为后盾，成军较早。

中国近代海军，分为两个历史阶段。前阶段，从1860年至1911年辛亥革命，称为清末海军；后一阶段，自1912年中华民国成立至1949年9月，称为中华民国海军。前后历时约38年。

清末海军

清末海军建制有北洋海军、南洋水师、福建海军和广东水师。其中，最早成军的一支是福建海军。

福建海军

它是清末海军中四支地区性舰队之一，部署东海南部海区，主基地设在福州马尾，其他基地有基隆、马公。它的建成，替代了旧式的福建水师。福建海军，归闽浙总督与福州船政大臣节制，首任提督李成谋。1884年以前成军时，装备舰艇14艘：旗舰为"杨武"巡洋舰，排水量1560吨；排水量1250～1450吨的作战舰只有"飞云""济安""伏波"，练习舰"建威"，运输舰"琛航""永保"；排水量550吨以下的作战舰只有"福星""振威""海东云""飞艇""福胜""建胜""艺新"等。这些舰艇中，除去"建威"从德国购买，"福胜""建胜"从美国购买，"海东云"向洋商购买以外，其余九艘为福州船政船厂建造，一艘为大沽船坞建造。

在福建海军成军之初，即发生法国侵华舰队侵入马尾港、袭击福建海军的马尾海战（亦称"马江之战"），爆发中法战争。战争的起因是法国企图以武力控制越南北圻，中国援越抗击法国侵略军。此次战争有两个战场：一、陆上战场，在越南北圻和中国广西、云南与越南北圻接壤的边境地区；二、海上战场，为中国东海、南海地区。法国侵略军在中国援越军队的打击下，屡次受挫，侵略目的未能达到。为压迫清政府屈服，强制中国履行1884年4月李鸿章与法方代表福录诺签订的中法《简明条约》，法国侵华舰队遂侵入中国南海、东海海区，寻找可攻击的目标，以遂行法国政府确定的"据地为质"的作战任务。1884年8月22日，法国政府下令法侵华舰队司令孤拔（Amédée Anatole Prosper Courber, 1827～1885）攻击福建中国舰队。福建驻马尾港的舰只11艘："杨武""飞云""济实""伏波""福胜""建胜""福星""振威""艺新"，分别泊于罗星塔上下游，"琛航""永保"在船台上。法国侵华舰队的舰艇12艘：巡洋舰"窝尔达""凯旋""迪居埃·特鲁安"（曾译"杜居士路图"）、"费勒斯""德斯丹"，炮舰"益士弼""野猫""蝮蛇"，鱼雷45、46号；另有巡洋舰"雷诺堡"、通信运输船"梭尼"位于闽江口外海域游弋。23日14时左右，法舰队对福建海军发起突然袭击，福建海军仓促应战，战斗进行约30分钟，福建海军舰只9艘被击沉、击毁，2艘被击伤（后自沉），官兵伤亡790余名，旧式水师战船亦沉毁殆尽，炮台和船政设置亦遭炮火破坏。法舰被击伤5艘，伤亡50余人，孤拔被击伤。福建海军成军之初即败毁。

1909年，清政府水师提督视察西沙纪念碑

北洋海军

清末海军中重点建设的一支地区性舰队，部署在中国黄海北部海区，主基地设在威海港，辅助基地为旅顺港。初称"北洋水师"，合称"北洋海军"。主要战略任务是对付日本可能的侵略，保护京津门户。

北洋海军建设的起步，始于光绪元年四月二十六日（1875年5月30日）清廷谕令李鸿章督办北洋海防之后。李鸿章积极主张向外国购买舰艇以建设海军。早在同治十三年十一月二日（1874年12月10日），李鸿章在第一次海防大筹议的复奏"筹议海防折"中就指出："惟有分别缓急，择尤为紧要之处，如直隶之大沽、北塘、山海关一带，系京畿门户，是为最要。江苏、吴淞至江阴一带，系长江门户，是为次要。盖京畿为天下根本，长江为财赋奥区，但能守此最要、次要地方，其余各省海口边境略为布置，即有措失，于大局尚无甚碍。"为筹备海防、海军建设，"外海水师铁甲船与守口大炮船皆不可少之物矣。现计闽厂造成轮船十五号，内有二号已在台湾遭风损坏。沪厂造成轮船六号，内有二号马力五百匹，配炮二十六尊，与外国大兵船相等。其余各船，皆仅与外国小兵船根拨（按，炮船）相等，然已费银数百万两有奇，物料匠工多自外洋购致，是以中国造船之银，倍于外洋购船之价。今急欲成军，须在外国定造为省便，但不可转托洋商误买旧船，徒靡巨款。访闻兵船及铁甲船以英国为最精，英之官厂、公司厂均以造铁甲之优劣相争衡，日新月异。应拣派明于制造、略知兵事之员，选举学生、工匠前往，由总理衙门会商驻京使臣，移知该国兵部，俾得亲赴各厂考究何等船制最为坚致灵敏，并宜于中国水道者，与其议价定造。……至拟设兵船数目，如丁日昌所称，北、东、南三洋各设大兵轮船六号，根拨轮船十号，合共二十八号，自属不可再少。……窃谓北、东、南三洋须各有铁甲大船二号，北洋宜分驻烟台、旅顺口一带；东洋宜分驻长江口外；南洋宜分驻厦门、虎门。"从此折可以看出，李鸿章在筹建北洋海军之初，是极力主张买船建军。为筹款定购铁甲舰，李鸿章还专门上折奏请筹银定购铁甲舰两艘，并获得清廷批准。清廷谕旨说："谕军机大臣等；李鸿章奏，筹办海防拟购铁甲兵船并预筹调拨事宜一折。铁甲船为海防利器，前以所费过巨，未经购置。现在筹办海防事机紧要，李鸿章已函商李凤苞（按，驻德公使）定购八角台铁甲船两只，……需用款项，……先凑成一百万两，由李鸿章汇付，以便船价两交，尅期来华。"

从购买外国军舰起步建设的北洋海军，其主要作战舰只都是光绪元年至光绪十四年间，从英国、德国分八批定购的，共二十六艘。光绪十四年八月二十五日，清廷批准《北洋海军章程》，十一月十五日（12月17日），清廷谕旨任命丁汝昌为北洋海军提督，刘步蟾为北洋海军右翼总兵，林泰曾为北洋海军左翼总兵。北洋海军正式建立，从此称为北洋海军，不再称北洋水师。

北洋海军编制。北洋海军于光绪十四年（1888）成军时，列入编制序列的舰艇共二十五艘：铁甲舰"定远""镇远"，巡洋舰"经远""来远""致远""靖远""济远""扬威""超勇"，炮舰"镇东""镇西""镇南""镇北""镇边""镇中"（炮舰六"镇"原为南洋在英国定购，来华后留用北洋），练习舰"康济""威远""敏捷"，鱼雷艇六艘，运输船一艘。

北洋海军的编制序列与指挥系统：

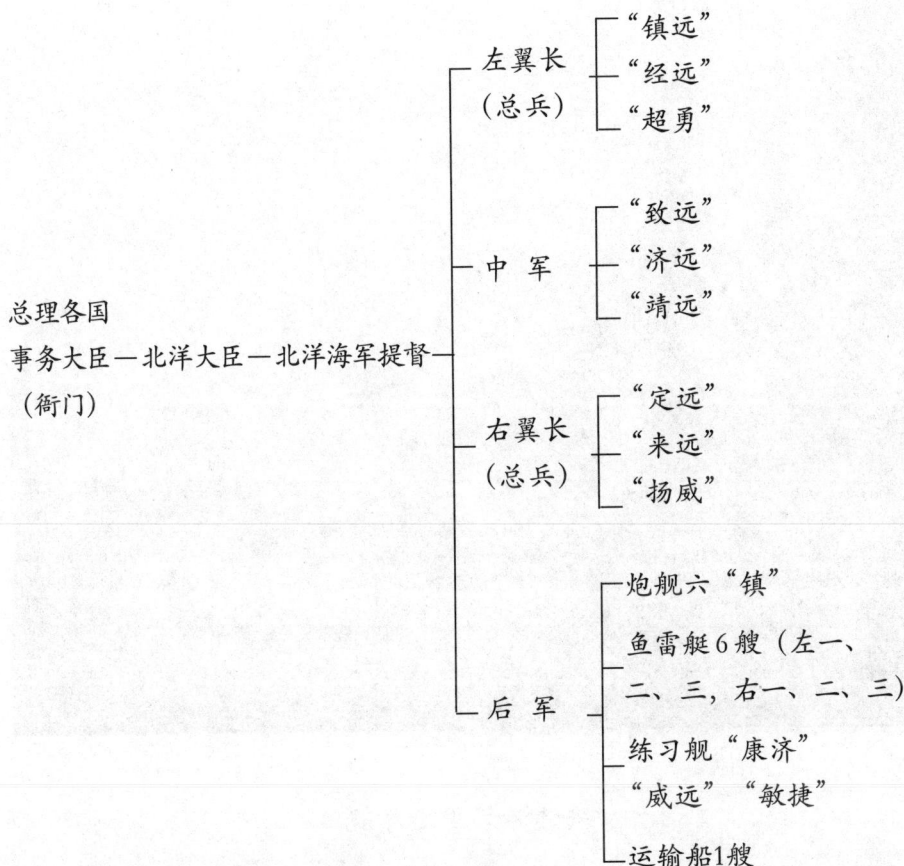

```
                                          ┌─ "镇远"
                              左翼长 ──────┼─ "经远"
                              （总兵）     └─ "超勇"

                                          ┌─ "致远"
                              中 军 ──────┼─ "济远"
                                          └─ "靖远"
总理各国
事务大臣—北洋大臣—北洋海军提督─┤
（衙门）                                  ┌─ "定远"
                              右翼长 ──────┼─ "来远"
                              （总兵）     └─ "扬威"

                                          ┌─ 炮舰六"镇"
                                          │
                                          ├─ 鱼雷艇6艘（左一、
                                          │   二、三，右一、二、三）
                              后 军 ──────┤
                                          ├─ 练习舰"康济"
                                          │   "威远" "敏捷"
                                          │
                                          └─ 运输船1艘
```

光绪十五年正月二十一日（1889年2月20日），李鸿章奏准补署各舰委带（管带）：中军中营副将、提督衔记名总兵邓世昌委带"致远"舰；中军左营副将、补用参将方伯谦委带"济远"舰；中军右营副将、补用参将叶祖珪委带"靖远"舰；左翼左营副将、补用游击林永升委带"经远"舰；左翼右营参将、补用都司黄建勋委带"超勇"舰；右翼右营参将、补用守备林履中委带"扬威"舰；

游击林颖启委带"康济"练船；参将衔、都司萨镇冰委带"康济"练船；游击、都司衔、补用守备戴伯康委带"敏捷"练船等。[①]

平远号装甲巡洋舰

　　光绪十五年四月十六日（1989年5月15日），福州船政船厂建造的第一艘铁壳蒸汽巡洋舰"龙威"（排水量2100吨，船速14海里）首次试航，右轮机发生故障。九月初四（9月28日），再次试航，又发生汽力不足、掣动不正常情况。为此，负责制造的船政学堂第一届毕业的制造学生陈兆翱、李寿田、杨廉臣受到处分。直

---

① 《李文忠公全集·奏稿》，卷六十四。

至十一月二十日（12月12日），才调拨归北洋海军建制，并改名为"平远"。至此，北洋海军舰艇已有铁甲舰三艘、巡洋舰八艘，炮舰六艘，鱼雷艇十一艘（单雷艇四艘），练习舰三艘，运输舰一艘，布雷船一艘（"宝筏"，大沽船坞建造）。共计三十二艘。

北洋海军于1894～1895年在中日甲午战争中败没。甲午战争，是继两次鸦片战争和中法战争之后的第四次帝国主义侵略中国的大规模战争，是日本帝国主义有预谋的有计划的对中国发动的一次侵略战争。

日本在明治维新以后，推行"强兵高于一切的国策"。1871年，撤兵部省，成立海军省、陆军省，实行征兵制，建立欧洲式的陆、海军，推行军国主义政策，走上军事封建性的帝国主义道路，开始实行其"大陆政策"。1874年，日军侵台事件以后，日本于1879年公然吞并琉球。

据1927年日本首相田中义一在一份奏折中披露大陆政策的基本内容为："明治大帝之遗策，第一期征服台湾，第二期征服朝鲜，惟第三期之灭亡满蒙，以及征服中国全土，使异服之南洋及亚细亚全带无不畏我服我，仰我鼻息等等之大业，尚未能实现，……"①历史证明，田中义一披露的这个明治确定下来的"大陆政策"，是明治及其后继者所一贯实行的侵略扩张战略。日本当局，虽然至今仍对此史实采取暧昧态度，甚至讳莫如深，但是，这并不影响史实的存在。

日本为推行其"大陆政策"，首先把侵略矛头指向朝鲜和中国，而侵略朝鲜是企图建立侵略的"前进基地"，借此以侵略中国。

---

① 《中国近代战争史》第二册第120页，注②。

广丙舰

为策划、发动和指挥侵略战争，1894年6月5日，日本在其参谋部设立战时大本营，由陆海军武官编成。主要战员有：侍从武官长兼军事内局长陆军少将冈泽精、参谋长陆军上将有栖川宫炽仁亲王（参谋总长）、陆军首席参谋陆军中将川上操六（副总参谋长）、海军首席参谋海军中将中牟田仓之助（海军军令部部长）、兵站总监川上中将、运输通信长官陆军步兵上校寺内正毅、野战监督长官陆军监督长野田豁通、野战卫生长官陆军军医总监石黑忠德。陆军大臣为陆军上将大山岩，海军大臣为海军上将西乡从道。7月17日，又以枢密顾问官海军中将桦山资纪接替中牟田之助任海军军令部部长，大本营海军首席参谋。7月17日，日本战时大本营在皇宫内召开大本营御前会议，天皇亲临会议。会议决定发动侵略战争。早在1894年春，朝鲜爆发东学党领导的农民起义。6月1日，起义军攻占全罗道首府全州，朝鲜请求中国派兵协助镇压东学党起义军。6～11日，清政府派出由直隶提督叶志超率领的清军2500人，由海上进驻朝鲜牙山。至19日，日军8000人以保护使馆和侨民名义也开进朝鲜；同日，日本以其常备舰队和西海舰队合并编成直属于天皇的联合舰队，联合舰队司令长官为海军中将伊东祐亨。7月23日，日本政府命令联合舰队由佐世保急驶黄海海区，并授权该舰队可以"自由行动"。

1894年7月23日，清政府派出"济远""广乙"（广东舰队派赴北洋会操的编队"广甲""广乙""广丙"巡洋舰之一）、"威远""操江"护送雇用英轮"高升""爱仁""飞鲸"装载陆军赴牙山增援叶志超孤军。24日，"爱仁""飞鲸"两轮运送陆军1400人及马匹、粮饷在牙山卸载后即返航。"威远"舰当夜驶向大同江口。25日晨4时，"济远""广乙"两舰从牙山返航，7时30分，两舰驶至牙山湾口丰岛附近海域，发现日舰由南向北驶来。这是日本联合舰队第一射击队（司令坪井航三）"吉野"（旗舰）"浪速""秋津洲"三舰。7时55分，在双方相距不及两海里时，日舰"吉野"首先发泡攻击"济远"舰，丰岛海战开始。"济远""广乙"被迫还击。"济远"舰多次被敌方炮火击中，大副沈寿昌、二副柯建章等13人阵亡。"广乙"舰伤亡20余人，退向朝鲜西海岸，在十八岛附近海域搁浅，管带林国祥下令将舰焚毁后，带领幸存官兵70余人登岸后，大都被日军俘虏。在海战进行中，后行的"操江"号护送"高升"轮由西向东驶近战场。"高升"轮在日"浪速"舰的炮火下被迫停车，日舰要求"高升"轮投降，船上清军宁死不降。"浪速"舰长东乡平八郎竟不顾国际公法，发射鱼雷，将毫无防御能力的"高升"轮击沉，致使船上1100名中国官兵除240余名获救外，全部殉难，造成震惊中外的"'高升'轮事件"。随后，"操江"被日舰所俘，"济远"在向西撤退中，将追击的日舰"吉野"击伤。"济远"在撤退中曾一度挂出白旗，但并未减速。此后，在史学界遂有方伯谦率"济远"舰向日舰乞降还是诈降的纷纭争论。

丰岛海战后，1894年8月1日（光绪二十年七月初一日），中日正式宣战。清廷宣战谕中说："变诈情形，殊非意料所及。着沿江沿海将军、督抚及统兵大臣，整饬戎行，遇有倭人轮船驶入各口，即须迎头痛击。"日本天皇宣战诏书中说："凡海面、陆上对清国交战之事，务宜努力，以达国家之目的。苟不违反国际公法，即宜各本权能尽一切之手段。"① 从以上宣战谕诏中，可以看出，清廷对于在战争中的作战目标，不过仅是防海口，而日本的作战目标却是"达国家之目的"——推行"大陆政策"，一方是极端消极防守的，一方是积极进攻的。

丰岛海战，遂成为甲午战争的开端。丰岛海战，是北洋海军成军后的第一次海战，也是它第一次失败的海战。

日本为使天皇便于及时钦定战争决策，8月5日，战时大本营迁进皇宫内办公。参谋总长、大本营参谋长炽仁亲王将大本营拟定的日本"陆海军作战基本方针"上奏天皇，获得了天皇批准。这个"陆海军作战基本方针"规定日本的战略目标是将日本陆军输送过黄海、渤海，在中国直隶平原（今天津市、河北省）同中国军队决战。而决战的结局首先取决于海战的成败，海战的目的是夺取黄海、渤海制海权。因此，计划将作战过程划分为两个阶段："第一

---

① 均见《甲午中日战争纪实》，第11～14页。

阶段，首先把第5师派往朝鲜，在这一方向上牵制中国军队，国内陆海军坚守要地，准备出征，舰队在海上歼灭中国海军，夺取黄海和渤海湾的制海权。第二阶段视海战结果如何，分为甲、乙、丙三种情况。在掌握了制海权的情况下（甲），将陆军主力逐次输送过渤海湾与中国野战军在直隶平原进行决战；在不能掌握渤海湾的制海权，中国海军也无法控制日本近海的情况下（乙），陆军主动进驻并保卫朝鲜；在完全丧失制海权的情况下（丙），在日本国内设防，歼灭来犯之敌。"[1] 日方认为，这是在设想发生各种情况时作出相应处置而制定的总计划，是一个十分坚实而慎重的方案。同时日方判断，中国当时的作战设想是，"海军主力（按，指北洋海军）集结于黄海北部，控制渤海湾口，同时掩护陆军的航渡，并策应在朝鲜的陆军的行动。陆军首先在平壤附近集结，尔后，击退在朝鲜的日军。这完全是一个防御性计划，而不是一个积极的战略，因为尽管中国有优势的海军，但在运用上却并不准备夺取黄海乃至日本近海的制海权。[2]

日方对清廷军政当局的分析判断，可以说是切中要害的。清廷军政当局，包括担负战争指挥直接责任的北洋大臣李鸿章在内，他们根本就没有国家海权观念，把海军只看作是一个"守口"的工具，而不是一支海上野战军。这是导致战争失败的重要原因之一。

北洋海军在中日甲午战争中进行的第二次大规模海战——海上战役，是黄海海战。

丰岛海战拉开序幕的中日甲午战争，形成两个战场，海上战场

① 〔日〕森松俊夫著：《日军大本营》，第51页。黄金鹏译，军事科学出版社，1985年10月版。
② 〔日〕森松俊夫著：《日军大本营》，第51页。黄金鹏译，军事科学出版社，1985年10月版。

和陆上战场。海上战场在黄海北部海区，对手是日本联合舰队、北洋海军；陆上战场，先是在朝鲜半岛，随后扩展到中国东北地区。

黄海海战，是北洋海军同日本联合舰队主力在黄海北部进行的决定性海战，亦称大东沟海战。是日本联合舰队为实现日本战略企图——夺取黄海制海权，同北洋舰队主力进行的一次海战。1894年9月16日（光绪二十年八月十七日），陆上战场，平壤失守，至此，清政府始决定派兵增援平壤，命令洋海军提督丁汝昌率铁甲舰"定远"（旗舰）、"镇远"，巡洋舰"经远""来远""致远""靖远""济远""广甲"（广东海军派赴北洋会操的编队"广甲""广乙""广丙"之一）、"超勇""扬威""平远"，炮舰"镇南""镇中"，及鱼雷艇四艘组成护航舰队，护送"新裕""图南"等五轮运载陆军8个营至大东沟上陆，驰援平壤，预定17日返航。9月16日，日本联合舰队司令长官伊东佑亨率舰队从朝鲜半岛西海岸长山串（小乳羃角，位于大同江口西南）出航，企图寻找北洋舰队决战。日联合舰队编成为：第一游击队，巡洋舰"吉野"（第一游击队旗舰）、"浪速""高千穗""秋津洲"；本队，海防舰"松岛"（联合舰队旗舰）、"严岛""桥立"，巡洋舰"扶桑""千代田""比睿"，辅助巡洋舰"两京丸"（新任日本海军军令部部长桦山资纪中将随舰），炮舰"赤城"。17日上午，丁汝昌在率北洋舰队返航前，召集各舰管带部署：返舰途中遇敌时，舰队以"分段纵列"应战，在战斗中，各姊妹舰或对舰（按，即两舰组成的小队），务合而勿离，互相援助；各舰均以舰首对敌战斗；各舰当视旗舰之运动而运动。10时30分，"镇远"发现日联合舰队自西南方向驶近，丁汝昌即令舰队各舰起锚，列成五叠雁行小队阵（即五列小队横队）接敌。首叠"定远""镇远"，二叠"来远""经远"，三叠"致远""靖远"，四叠"超勇"、"扬威"、五叠"济远""广甲"。随后，舰队展开成全队雁行阵：首叠居中前进，二、四叠向右前方，三、五叠向左前方机动站位，在展开过程中，形成中间前出、两翼落后的错落的、近似弧形的雁行阵时，战斗即已开始，12时50分，双方接近至32链时，"定远"舰首先发炮向日舰攻击。战斗中，日联合舰队采取由战列线改为机动战术的打法，将北洋舰队穿插分割，使之陷于腹背受击的被动局面。战斗至17时40分，日本联合舰队首先向东南方向撤出战斗，战斗随即结束。海战结果：北洋舰队被击沉巡洋舰四艘！"超勇""扬威""经远""致远"，巡洋舰"广甲""济远"在战斗进行中先后自行撤离战场，"广甲"返航至大连湾三山岛触礁被毁，北洋舰队官兵伤亡800余人，牺牲的著名管带有邓世昌、林就升、黄建勋、林履中等将领。北洋舰队损失战舰共五艘，占参战战舰的近50%，占参战兵力总数的30%，受到重创。日本联合舰队以战舰"松岛""吉野""比睿"等七艘被击伤，官兵伤亡294人（日方资料）的代价夺取黄海制海权，这对于中日甲午战争的进程和结局产生了重大影响。

黄海海战，北洋舰队的失败，主要根源是清廷缺乏战争准备，没有海权观念，没有通盘的战略筹划，一味地寄希望于外国"调解"、乞求和平解决；在海上作战指挥上，丁汝昌不谙海军战术，采取错误的阵法和战法，从战斗一开始即陷于被动。然而北洋海军广大官兵表现出英勇奋战、不怕牺牲的大无畏精神和高度的爱国精神，是可歌可泣的、永垂青史的。它表明中华民族是不可被征服的。

邓世昌（1849～1894），字正卿。生于广东番禺。著名爱国将领。少时随父至上海，见一些欧洲国家舰船停泊，愤慨万分，立志将来从事海军事业。同治六年（1867），考入船政学堂后学堂驾驶班第一届学习，颖异不凡，深受沈葆桢器重。毕业后，历任"琛航"舰大副，"建成""海东云""振威""飞艇"等舰管带。光绪六年底（1880年底）、光绪十三年（1887），两次派赴英国接受在英国定购的"超勇""扬威""致远""靖远"舰。光绪十四年（1888）升参将，旋以记名总兵简放，加提督衔。北洋海军成立，任中军中营副将、"致远"舰管带。他为官清廉，治军严格，忠勇爱国。光绪二十年八月十八日（1894年9月17日），在黄海海战中，指挥"致远"舰奋勇作战，舰被重创，舰体已侧倾，仍然毅然驾驶"致远"舰冲向日舰"吉野"，决计与敌舰同归于尽，不幸在冲击中再次被鱼雷击中而沉没。遂与全舰官兵250余人一起壮烈殉国。清廷谥以"壮节"，追赠太子少保，入祀京师昭忠祠。山东民众在荣成成山上建祠朔像，以示景仰。

林永升（1853～1894），字仲卿，福建侯官（今闽侯）人。爱国将领。同治六年（1867），考入船政学堂前学堂驾驶班第一届学习，毕业后，留"建威"练习舰任教。光绪元年（1875），任福建海军"扬武"舰千总。光绪三年（1877），赴英国留学三年，授守备，任北洋水师"镇中"炮舰管带。光绪十一年（1885），任"康济"练习舰管带。光绪十三年（1887），赴德国接收在德国购买的"经远"舰，翌年，任"经远"舰管带，升游击。光绪十四年（1888），升署北洋海军左翼左营副将。光绪十七年（1891），升总兵。忠勇爱国，平易近人，为士兵所爱戴。光绪二十年八月十八日（1894年9月17日），在黄海海战中，"经远"舰中弹起火，仍指挥该舰猛攻敌舰"吉野"，遭日舰围攻，头部中弹壮烈牺牲。清廷追赠太子少保。

林履中（1852～1894），字少谷，福建侯官（今闽侯）人。爱国将领。同治十年（1871），考入船政学堂后学堂驾驶班第三届学习。光绪二年（1876），任福建海军"伏波"舰大副。光绪七年（1881），调任北洋水师"威远"练习舰教练大副。翌年，赴德国接收在德国定购的"忠远"舰，遂任该舰大副。光绪十三年（1887），任"扬威"舰管带，升守备。翌年，升署北洋海军右翼右营参将。光绪十七年（1891），加副将衔。光绪二十年八月十八日（1894年9月17日），黄海海战战斗开始后，"扬威"舰中弹起火，仍指挥该舰发炮还击日舰，壮烈殉国。

黄建勋（1852～1894），字菊人，福建永福（今属龙岩）人。爱国将领。同治六年（1867）考入船政学堂后学堂驾驶班第一届学习。光绪三年（1877）派赴英国留学海军。光绪六年（1880）回国。翌年升守备，加都司衔。任北洋水师大沽水雷营管带。光绪九年（1883）任"镇西"炮舰管带。光绪十三年（1887）任"超勇"舰管带。光绪十四年（1888）升署北洋海军左翼右营参将。光绪十八年（1892）授副将。光绪二十年八月十八日（1894年9月17日），在黄海海战中，"超勇"被日联合舰队攻击，中弹沉没，与全舰官兵一同殉国。

黄海海战后，日军在陆上和海上战场又连连得手，越过鸭绿江，登陆辽东半岛，直至侵占大连和旅顺，作为扩大侵华战争的前进基地。清廷为防备日军大举进攻，将重兵部署在盛京（今辽宁沈阳）和京津地区。日本原计划渡渤海输送陆军登陆，在直隶平原同中国军队决战。但是，鉴于渤海即将封冻，北洋海军尚存，日军大本营遂改变作战计划，将战略进攻重点改为山东半岛，企图以陆、海军在山东半岛登陆，歼击北洋海军，占领威海卫，完全控制制海海权。于是日本于1894年12月间，部署登陆作战兵力：海军为联合舰队，司令长官伊东祐亨辖舰艇四十余艘；陆军为在广岛组成的"山东作战军"（由第2军改编），司令长官大山岩（原陆军大臣），辖第2师团（第3、第4旅团）、第6师团（第11、第12旅团）及炮兵、工兵等共计2.5万人。

北洋海军提督丁汝昌率所余舰艇二十七艘驻威海港，计有装甲舰"定远""镇远"，巡洋舰"来远""靖远""济远""平远""广丙"（广东海军派赴北洋会操编队仅余的一艘），炮舰"镇东""镇南""镇西""镇北""镇中""镇边"，练习舰"威远""康济"，鱼雷艇十一艘，布雷船"宝筏"。威海港区岸上炮台二十三座，火炮一百六十余门；陆军威海地区守军16个营，荣成（今旧荣成）、旧辖（今酒馆）、烟台一线29个营。1894年11月22日旅顺失陷以后，清廷判断日军将"力图威海"，并于光绪二十年十月二十七日下达电旨："恐倭将拼力以图威海。该处沿海可以登陆之处，必须派兵严密防守，免致乘虚抄截。"① 十二月十三日（1895年1月8日），清廷电旨："李鸿章严饬威海水陆将弁，加意扼守。"② 但是，清廷并未立即调兵增援防御薄弱的山东半岛，而且，事已至此，慈禧仍派张荫桓去日本求和。十九日，清廷电旨："日兵第三军二万二千人，欲往威海。"③ 十二月二十一日（1895年1月16日），清廷电旨："著李鸿章、李秉衡分饬各将领昼夜侦探，……勿蹈貔子窝覆辙。"④

---

① 《鲁抚李秉衡甲午战争有关军事电文抄》，《清实录》，卷三五二，第34页。

② 《鲁抚李秉衡甲午战争有关军事电文抄》，《清实录》，卷三五六，第4页。

③ 《鲁抚李秉衡甲午战争有关军事电文抄》，《清实录》，卷三五六，第15页。

④ 《鲁抚李秉衡甲午战争有关军事电文抄》，《清实录》，卷三五七，第2页。

十二月二十三日（1895年1月18日），清廷电旨："日寇如犯威海，……所虑乘虚窜扰后路，……务当相应布置。"① 是日，日本联合舰队军舰二十五艘、鱼雷艇十六艘，护送"山东作战军"从大连湾起航，驶往山东荣成湾。十二月二十五日（1895年1月20日），日军开始在荣成登陆，至二十七日（1895年1月22日），日军分三批全部上陆。此间，清廷连续电旨："各饬防军飞速驰击。……海军战舰必须设法保全。"②"敌人载兵各系商船，而以兵舰护之。若将'定远'等船齐出冲击，必可毁其多船，断其退路，此亦救急之一策。"李鸿章在转达此电旨时加注："海军船小，恐难远出冲击，只在门口与炮台夹击。"③ 这就是李鸿章所确定的"保船制敌""水陆相依"的极端消极防御的作战方针的体现。十二月二十八日（1895年1月23日），日军已登陆后。清廷电旨："我海舰虽少，而铁甲坚利，则为彼所无，与其坐守待敌，莫若乘间出击，断其归路。……即丁汝昌身膺重罪，亦可立予开释。"④ 是日，伊东佑亨致丁汝昌劝降书，丁汝昌严词拒绝，矢志"战至船没人尽而后已"。战至光楮二十一年正月初五日（1895年1月30日），日军攻占威海港南岸炮台。在南岸守卫战中，丁汝昌督率"靖远""镇南""镇北""镇西""镇边"等舰，以舰

---

① 《鲁抗李秉衡甲午战争有关军事电文抄》，《清实录》，卷三五七，第5页。

② 《鲁抗李秉衡甲午战争有关军事电文抄》，《清实录》，卷三五七，第10页。

③ 《鲁抗李秉衡甲午战争有关军事电文抄》，《清实录》，卷三五七，第10至11页。

④ 《鲁抚李秉衡甲午战争有关军事电文抄》，《清实录》，卷三五七，第12~13页。

炮火力支援南岸阵地守军战斗。毙伤日军官兵多人,日第11旅团长大寺安纯被击毙。正月初八日(1895年2月2日),日军陷威海卫及威海港西北岸上炮台。从此,困守威海港的北洋海军完全陷于日军水陆围攻之中。至正月十七日(1895年2月11日),北洋海军已先后被击沉、击毁装甲舰"定远",巡洋舰"来远""靖远""威远"以及鱼雷艇"宝筏"等。在援军无望、突围难成的危急情况下,丁汝昌在衙署内服毒自尽。随后,北洋海军向日联合舰队投降,北洋海军所余"镇远""济远""平远""广丙"及六"镇"炮舰等10舰以及刘公岛炮台、军械物资全部落入日军手中。清政府耗费巨额白银苦心经营近20年的北洋海军全军覆没。甲午海战以中国丧军失地的最终局面结束。

丁汝昌(1836~1895),北洋海军提督。原名先达,字禹廷、雨亭。安徽庐江人。少年贫寒。咸丰二年(1852),参加太平军。咸丰十一年(1861),随队叛投湘军,后归淮军。参加镇压太平军和捻军作战。同治三年(1864),升副将。同治七年(1868),授总兵。官至记名提督。光绪五年(1879),奉命赴京他调时,被正在筹建北洋水师的李鸿章留在北洋督操北洋水师炮舰。光绪六年底(1881年初),率队去英国接收向英国定购的"超勇""扬威"两舰。光绪九年(1883),授天津镇总兵,组织拟订《北洋海军章程》。光绪十四年十一月十五日(1888年12月17日),清廷谕令,任北洋海军提督,北洋海军正式成立。在任职期间,恪尽职守,对北洋海军和海防建设,有所建树。光绪二十年(1894),加尚书衔。同年八月十八日(9月17日),在黄海海战中,部署、采取错误的阵法和战法,战斗一开始又在"定远"舰上因发炮震塌飞桥而被摔伤,致使舰队失去指挥,遭致失败。光绪二十年末至光绪二十一年初(1894年1至2月)在威海卫之战中,采取使北洋舰队固守港口、以待援兵的错误部署与指挥，致使北洋舰队全队覆没。他严词拒绝日军劝降和洋员逼降，决心"战至船没人尽而后已"，在援兵无望、突围难成的情况下，于1895年2月11日服毒自尽，以身殉职。死后，北洋舰队所余兵力向日本联合舰队投降。

甲午战争以后，清政府企图恢复海军实力。除继续在福州船厂、江南船坞建造一些舰艇以外，又从英国、德国、日本购进巡洋舰"海天""海圻"（排水量各4300吨，航速24节）、"海筹""海容""海琛"（排水量各2950吨，航速19.5节），驱逐舰"飞霆""飞鹰"，炮舰"福安""楚泰""楚同""楚豫""楚有""楚观""楚谦""舞凤""江犀""江鲲""江元""江亨""江利""江贞"，鱼雷艇"辰""宿""列""张""海龙""海青""海华""海犀""湖鹏""湖鹗""湖鹰""湖隼"等舰艇三十三艘。在1900年，抗击八国联军侵华战争中，清末海军基本未发挥作用。

"海天"号巡洋舰

宣统元年（1909），清廷设筹办海军大臣及其筹办海军事务处。筹办海军大臣为郡王衔贝勒载洵、海军提督萨镇冰。筹办海军事务处总核稽查为奕劻，筹划善者、载泽、铁良，顾问官为严复、伍光建、魏瀚、郑清濂。宣统元年六月（1909 年 7 月），清廷拟重建海军。二十三日（12 月 24 日），为统一编练海军，将全国各支地区性舰队撤销，统一编制为巡洋舰队和长江舰队。

"海圻"巡洋号舰

宣统二年十一月初三日（1910 年 12 月 4 日），将筹海军事务处改编为海军部，海军大臣为海军正都统载洵、海军副大臣为海军副都统谭学衡；海军正都统萨镇冰为海军提督，统制巡洋、长江两舰队。以海军协都统程璧光任巡洋舰队统领，以海军协都统沈寿堃任长江舰队统领。巡洋舰队辖有舰艇十一艘，计有巡洋舰"海圻""海容""海筹""海琛"，驱逐舰"飞鹰"，练习舰"镜清""通济"，炮舰"联鲸""舞凤""保民"，总排水量2万余吨；长江舰队辖有舰艇20艘，计有驱逐舰"建威""建安"，炮舰"江元""江亨""江利""江贞""楚同""楚泰""楚有""楚豫""楚观""楚谦"，鱼雷艇"湖鹏""湖鹗""湖鹰""湖隼""辰""宿""列""张"，总排水量9300余吨。

CHINESE ADMIRAL'S WREATH FOR GRANT'S TOMB

1911年，"海圻"号抵达纽约对美国进行友好访问。
图为前往格兰特墓。

宣统元年（1909）八月至宣统二年（1910）十一月间，载洵、萨镇冰出访德、英、美、日等国，考察海军和造船工厂，在德国订购驱逐舰"同安""建康""豫章"（排水量各390吨，航速32节），炮舰"江鲲""江犀"；在英国订购巡洋舰"肇和"（排水量2600吨，航速20节）、"应瑞"（排水量2460吨，航速20节）；在日本订购炮舰"永丰""永翔"（排水量各780吨，航速13.5节）以上这9艘军舰，均于中华民国二年（1913）来华。

光绪三年（1911）三月，清廷派副贝子载振使英祝贺英王乔治五世加冕典礼，程璧光率巡洋舰"海圻"随行。1911年7月礼成后，"海圻"由大西洋返航，顺道访问美国、墨西哥、古巴，慰问当地华侨。返航途中闻讯辛亥革命爆发。海军大臣和"海圻"舰的出访，是清末海军最后的出访活动。

南洋水师

清末海军地区性舰队之一。部署在东海北部海区。主基地设在吴淞，其他基地还有浙江的定海、镇海。光绪元年四月二十六日（1875年5月30日），清廷谕令原江西巡抚沈葆桢督办南洋海防，南洋水师开始建设，历时30余年，至宣统元年（1909），南洋水师先后装备有舰艇33艘，其中，国内自行建造的和从英、德、日等国购进的约各占半数。计有巡洋舰"南琛""南瑞""开济""寰泰""镜清"；驱逐舰"驭远""澄庆""建安""建威"；炮舰"龙骧""虎威""飞霆""策电""保民""江元""江亨""江利""江贞""靖清""钧和""飞虎"；练习舰"登瀛洲""通济"；鱼雷艇八艘，运输船两艘。总排水量两万余吨。主官称总统，下设左翼翼长、右翼翼长。首任总统郭宝昌，左翼翼长袁九皋。1885年2月，由吴安康率领巡洋舰"南瑞""寰泰""开济"，驱逐舰"澄庆""驭远"等五舰组成的编队，由吴淞南下福建海域，支援福建海军抗击法国侵华舰队的作战。2月13日5时30分，在浙东檀头山海面与法国侵华舰队的海上封锁编队（孤拔亲率）遭遇，吴安康遂率"澄庆""驭远"两舰避入石浦港，"南瑞""寰泰""开济"三舰北返避入浙江镇海港。2月14日，法侵华舰队司令孤拔令其旗舰"贝亚尔"巡洋舰舰长古尔东指挥鱼雷艇一艘、汽艇（携鱼雷）两艘，乘夜袭击石浦港，15日（光绪十一年正月初一日）3时30分，法艇在接近至距离"澄庆""驭远"泊位约200米时，向两舰实施鱼雷攻击，"澄庆""驭远"均被击沉（中方报称，重伤后自沉）。3月1～20日，巡洋舰"南琛""南瑞""开济"，在浙江镇海保卫战中，协同陆军抗击法侵华舰队的侵犯，将其击退。

广东水师

清末海军地区性舰队之一。部署在南海海区，由两广总督、湖广总督节制。基地在广州黄埔。于19世纪90年代初成军。首任提督吴长庆，1905年，为萨镇冰、李准。先后装备舰艇30余艘，其中40%的为国内自行建造，60%的从英、德购进。计有巡洋舰"广甲""广乙""广丙"；炮舰"安澜""镇涛""澄波""绥靖""飞龙""镇海""澄海""广庚""广金""广玉""广戌""蓬洲""宝璧"；鱼雷艇十一艘，通信舰一艘。总排水量一万余吨。光绪二十年（1894），派程璧光（"广甲"舰管带）率领"广甲""广乙""广丙"三舰赴北洋海军会操，适逢中日甲午战争爆发，三舰分别参加丰岛海战、黄海海战和威海卫之战，均先后战没。

中华民国海军①

1911年10月10日（宣统三年八月十九日），爆发武昌起义，史称辛亥革命。

中华民国海军部

---

① 本节依据《中国海军百种全书·中华民国海军》下卷，第1963～1965页。

在武昌起义的震慑下，驻武昌的陆军第21混成协统领黎元洪
（1864～1928）率所部加入革命行列。黎为革命军鄂省都督。10月
12日（八月二十一日），清廷命令荫昌督军赴湖北镇压革命军，命
令海军提督萨镇冰率舰、沈寿堃率长江舰队开赴武汉，协同镇压革
命军。

民国南京政府海军大礼服
Naval full dress of the Republic of China (1928-1949)

中华民国海军大礼服（摄于中国航海博物馆）

黎元洪原为天津水师学堂管轮班第一届毕业（光绪十四年三月）学生，萨镇冰曾于1982～1986年在天津水师学堂任教习，因此，黎元洪与萨镇冰有师生之谊。黎元洪致函萨镇冰称："清国气运既衰"，革命之势"声震天地"，劝他归附革命。11月7日（九月十七日），萨镇冰回函黎元洪，婉言拒绝。而海军各舰官兵多同情革命，各舰纷纷起义。萨镇冰见大势已去，愿意自动放弃舰队指挥权，离舰乘外国商船去上海。巡洋、长江两舰队舰艇遂先后起义，加入革命军行列。

1911年12月5日，在上海高昌庙成立临时海军司令部，程璧光任海军总司令，黄钟英任海军副总司令，这标志着中华民国海军的成立。然而中华民国海军在38年的发展过程中，由于政局动荡，有半数的时间并未形成统一局面。大致可划分为南京临时政府海军、北洋政府海军和国民党政府海军等三个时期。

萨镇冰（1859～1952），字鼎铭，出生于福建侯官（今闽侯）。1869年，考入船政学堂后学堂驾驶班第二届学习，1872年毕业。1877年，被派往英国格林尼治皇家海军学院留学。1880年回国。翌年，任"澄庆"炮舰大副。1882年，调任天津水师学学堂教习。1886年，任北洋水师"威远"练习舰管带。1887年，任"康济"练习舰管带。1888年晋参将。1894年晋副将。调任北洋海军精练左营游击。中日甲午战争威海卫之战中，守卫日岛炮台。1899年，再任"康济"练习舰管带，旋升任北洋海军帮统领，兼"海圻"巡洋舰管带。1905年，总理南北洋海军，兼广东水师提督。1909年，任筹办海军大臣、海军提督。同年9月至1910年2月，随海军大臣载洵出访考察海军，历访意、德、英等国。8～12月，又出访美、日考察海军。1911年，辛亥革命爆发后，奉命率舰队赴汉口镇压革命军，弃职引退上海。1912年12月，授海军上将。1916年，任闽粤巡阅使。1917年6月，任海军总长。1920年兼代国务总理。1922年，任福建省省长。1933年，支持福建事变，赞助李济深、蔡廷锴在福州成立"中华共和国人民革命政府"，任延建省省长。1946年11月，授海军上将，并被除役。中华人民共和成立以后，曾任中国人民政治协商会议全国委员会委员、中央人民政府军事委员会委员、中央华侨事务委员会委员、福建省人民政府委员会委员等职。1952年4月10日病逝。

中华民国南京临时政府海军 （1912年1～3月）

    1912年1月1日，中华民国南京临时政府成立，政府设立海军部。临时大总统任命黄钟瑛为海军部总长，汤芗铭为海军部次长。黄钟瑛原名良铿，又名鎏，字赞侯，号建勋，福建闽县（今闽侯）人。1881年，考入船政学堂后学堂驾驶班第十一届学习，1885年毕业。历任"福靖""飞鹰"舰帮带大副，"飞鹰""镜清"舰管带。1907年，任"海筹"巡洋舰管带。1911年，辛亥革命爆发后，在九江起义；12月，被推举为海军副总司令。临时政府海军共辖有舰艇近三十艘，总排水量约三万吨。1912年1月中旬，以巡洋舰三艘、练习舰一艘组成北上舰队，由汤芗铭任司令，由上海启航北上，护送陆军在烟台登陆，随后又护送陆军在登州、龙口和辽东半岛花园口、貔子窝登陆。并在登州、大沽口、秦皇岛、营口、鸭绿江口海域巡弋，以切断清军的海外军火供应。

    1912年3月4日，汤芗铭率北伐舰队归顺袁世凯，海军陆战队一部分改为南京卫戍司令部卫队，其余参加北伐。后被遣散。

北洋政府海军（1912年4月～1928年12月）

1912年3月，袁世凯任临时大总统后，改组临时政府。4月，海军部迁北京。海军部下增设海军总司令处，刘冠雄任海军部总长，黄钟瑛任海军总司令。海军部队建制，将原清末海军巡洋舰队改编为第一舰队，司令蓝建枢，辖有巡洋舰"海圻""海容""海筹""海琛"，驱逐舰"飞鹰""建康""豫章""同安"（后三舰为载洵出访时，在德国定购，1913年始来华），炮舰"福安""联鲸""舞凤""永丰""永翔"（后二舰为载洵出访时，在日本定购，1913年始来华），共十三艘；将原清末海军长江舰队改编为第二舰队，司令徐振鹏，辖有驱逐舰"建威""建安"，炮舰"江元""江亨""江利""江贞""楚同""楚泰""楚有""楚豫""楚观""楚谦""拱宸""建中""永安""江鲲""江犀"（后二舰为载洵出访时，在德国定购，1913年始来华）鱼雷艇"湖鹏""湖鹗""湖鹰""湖隼""辰""宿""列""张"，共二十五艘；新编设练习舰队，司令林葆怿，辖有巡洋舰"肇和""应瑞"（该二舰为载洵出访时定购，1913年始来华）。

1913年7月"二次革命"（即"讨袁之役"，亦称"赣宁之役""癸丑之役"）爆发，海军总长刘冠雄、海军次长汤芗铭、海军总司令李鼎新（黄钟瑛病逝后，于1912年12月接任），分别率舰队镇压九江、南京、上海的讨袁军，致使"二次革命"失败。1915年，袁世凯悍然称帝，孙中山发表第二次"讨袁声明"，兴起护国运动。1916年6月25日，海军总司令李鼎新和第一舰队、练习舰队宣布独立，加入护国军。此时袁世凯已于6月6日病死。

北洋政府海军直至1927年，拥有舰艇最多时总计44艘，总排水量3万余吨。历任海军总司令继李鼎新之后有：萨镇冰（1917）、程璧光（1917未就任）、饶怀文（1917）、蓝建枢（1918）、蒋拯（1921）、杜锡珪（1924）、林建章（1924）、杨树庄（1925）。其主要活动有：1917年，参加第一次世界大战的军事行动，没收德、奥在华舰船十三艘，巡洋舰"海容"及陆军一个团进驻海参崴；1922年，在第一次直奉战争中助攻奉；1923年4月，海军第一舰队巡洋舰"海筹"等六舰在上海宣告独立，反对直系武力统一，主张联省自治；1924年直皖战争中，杜锡珪指挥巡洋舰"海容"等十一艘舰艇组成的舰队援助直军作战，以林建章为首的驻沪舰队，包括巡洋舰"海筹"等六舰，则支援皖军作战。1923年12月，北洋政府收买广东海军温树德率巡洋舰"海圻"等六舰由广州北上青岛，被编为渤海舰队。1924年9月，第二次直奉战争中，杜锡珪指挥海军再次助直攻奉，直军失败，林建章接任海军总司令；1927年，杨树庄率第一、第二舰队和练习舰队脱离北洋政府，加入国民革命军。此后，海军参加北伐战争的多次作战，击退奉系海军的进攻。

广州军政府海军 (1917～1929)

　　1917年，张勋胁迫黎元洪解散国会，拥废帝溥仪复辟，孙中山南下发动护法运动（亦称护法战争）。7月21日，海军总司令程璧光及第一舰队司令林葆怿率舰七艘由吴淞、浙东海面南下广州，与先期抵达广州的巡洋舰一艘、炮舰两艘，组成护法舰队。随后护法舰队舰艇达十一艘，计有：巡洋舰"海圻""海琛""肇和"（后期由福建南下广州），驱逐舰"飞鹰""同安""豫章"，炮舰"永丰""永翔""楚豫""舞凤"，运输舰"福安"。9月，中华民国军政府在广州成立，陆海军大元帅孙中山任命程璧光为海军总长，林葆怿为海军司令。

　　程璧光（1861～1918），字恒启，号玉堂。广东香山（今中山）人。1876年，考入船政学堂后学堂驾驶班第五届学习，1880年毕业。历任"广甲"巡洋舰帮带，"广丙"巡洋舰管带。1894年，奉命率领巡洋舰"广甲""广乙""广丙"三艘驶北洋海军，参加会操。中日甲午战争爆发后，留北洋海军参战。率"广丙"舰参加黄海海战（1894年9月17日）和威海卫之战（1895年1～2月间），在威海卫之战中负伤。北洋海军在威海卫之战中最后战败，在丁汝昌自尽后，受威海营务处道员牛昶昞派遣，乘舰向日本联合舰队递投降书，战后，被革职回籍。后参加孙中山创建的兴中会。1896

年，由北洋大臣李鸿章举荐复职，任军舰监造专员，"海容""海圻"巡洋舰管带、海军部船政司司长。1909年，任巡洋舰队统领。1916年6月，任海军总长。1917年7月，在上海以海军总长名义发表檄文，声讨张勋复辟，提出"拥护约法、恢复国会、惩办祸首"三项主张。9月，任广州军政府海军总长。11～12月，指挥海军先后击败叛军莫擎宇部、龙济光部。1918年2月26日，在广州遇刺身亡。追赠海军上将。

程璧光在纽约市政厅前演讲

广州海军于1918年5月由桂系军阀控制，孙中山被迫离穗去沪。1920年11月，孙中山返回广州，重新组织护法军政府，任命汤廷光为海军总长，林永谟为海军司令。1921年，中华民国政府在广州成立。6月，江防舰队（舰艇30余艘）溯西江配合陆军击败桂系军阀军队。1922年，护法舰队中鲁、闽两派矛盾加剧，一部分舰艇密谋策划北归；孙中山支持鱼雷局局长温树德、长洲要塞司令陈策组织进行"夺舰斗争"，收回企图北归的舰艇，遂任命温树德为海

戎装的孙中山

刚刚打捞出水的"中山"舰

1925年3月12日，孙中山逝世。4月16日，广州革命政府为了纪念孙中山，由广东省省长胡汉民下令，将"永丰"号炮舰命名为"中山"舰。1938年10月24日下午15时许"中山"舰巡航在湖北金口江面时，突遇六架敌机轮番攻击。当时，中山舰主、副炮已拆下舰炮装在岸边几个要塞上，舰长萨师俊等25人在作战中牺牲，"中山"舰舰尾等处要害部位中弹，沉没。1997年1月28日打捞出水。

军总司令。6月，陈炯明叛变变，孙中山蒙难"永丰"舰，再次返回上海，第二次护法运动又遭失败。广州军政府被撤销，护法舰队被改称广东海军。1923年1月，陈炯明叛军被赶出广州；2月，孙中山重回广州，再任陆海军大元帅，对海军进行改编，任命汤廷光为海军部部长，陈策为广东海防司令。12月，温树德被北洋政府收买，率巡洋舰"海圻"等六舰北上驶往青岛，被编为北洋政府渤海舰队。留粤的"永丰""飞鹰""舞凤""福安"等舰，改编为练习舰队，以及其他江防舰艇，归陈策统一指挥。1924年3月，孙中山任命林若时为广东海防司令，重组海军陆战队。8月，海军协同陆军平定滇桂军阀杨希闵、刘震寰在广州的叛乱。1926年6月，广州国民政府军事委员会下设海军处。1926年6月，海军局撤销，在国民革命军总司令部下设海军处。1927年北伐后，海军处改组为广东舰队司令部，辖海防、江防和运输等三个舰队、舰艇四十八艘。1928年，陈策再任广东海军司令，又购进驱逐舰"海虎"，炮舰"仲元""仲凯"。总排水量约5000吨。

1929年，广东海军统一编为中华民国海军第四舰队。

东北海军

　　第一次直奉战争后，1922年8月，东三省保安司令部在奉天（今沈阳）设航警处，沈鸿烈任处长，主管吉黑江防舰队和水警、航运、渔业等事务。1924年，成立东北海防舰队，辖"镇海"舰等舰艇四艘。同时，在奉天设东北江海防总指挥部。

张作霖的海军学校学员

1925年，沈鸿烈任东北海军总指挥，辖江防舰队、海防舰队和芦葫岛航警学校。1926年1月，东北江海防总指挥部改组为东北海军司令部。1927年6月，张宗昌任东北海军总司令，沈鸿烈任副总司令。1928年12月，成立东北海军总司令部，张学良兼海军总司令，沈鸿烈任副总司令，辖第一舰队、第二舰队和江防舰队，舰艇二十余艘，总排水量约2万吨。

东北"易帜"后，其海军归属南京国民政府。后改编为中华民国海军第三舰队。

国民党政府海军 （1929年1月～1949年9月）

　　1929年4月，国民党政府将原军政部海军署（陈绍宽任署长）扩编为海军部，杨树庄任海军部部长，陈绍宽任海军部政务次长代理海军部部务，下辖第一舰队、第二舰队、练习舰队，鱼雷游击队和航空队，巡防队、测量队，共有舰艇四十九艘，总排水量约3.5万吨。东北海军改编为第三舰队，舰艇十二艘，总排水量1.6万余吨，仍隶属东北边防军司令长官部。广东海防司令部所属舰艇改编为第四舰队，总排水量5000吨，仍由广东省政府管辖。1929年10月12日，中国与苏联海军舰艇（苏方为阿穆河区舰队）在中国吉林境内同江地区发生战斗，史称中苏同江之战。中国被击沉、自沉舰艇七艘，原东北海军江防舰队基本覆没。1929年6月，海军部继1927年建立上海海军航空处之后，又建立厦门海军航空处，1933年2月，上述两处合并组成海军航空处（驻厦门），负责掌管所属航空队、海军航空飞行训练、航空工业和航空教育机构。将马尾船厂、江南船坞、大沽船坞、黄埔船厂改建为马尾造船所、江南造船所、大沽造船所、黄埔造船所。至1936年，海军共有舰艇一百二十余艘，总排水量6.8万余吨，水上飞机二十架，水陆两用飞机二十一架，教练机十三架。

沉没中的"宁海"号巡洋舰

1937年8月11日，国军海军部接到封锁江阴水道的命令。夜10时，陈绍宽率海军主力"平海""宁海"及部分准备自沉的军舰驰赴江阴长山至靖江罗家桥港之间的江面，横列一字阵，打开舱底阀门，舰艇随之灌水下沉。

1937年7月抗日战争爆发后，国民政府海军在敌强己弱形势下，采取集中主力退守长江、沉船阻塞航道的消极防御战略，企图协同陆军阻滞日本侵略军溯长江西进，以掩护国民政府从南京西撤；此外，并在珠江、闽江、瓯江、乍浦、青岛、刘公岛沉船阻塞、设置炮台、布设水雷。共沉塞舰船二十五艘，其中包括巡洋舰"海圻""海容""海筹""海琛"，练习舰"通济"，驱逐舰"大同""自强"，炮艇"德胜""威胜""武胜"，鱼雷艇"辰"字等；商船约三百艘。在防御作战中，又先后被日军飞机炸沉舰艇八十艘，炸伤十余艘，海军舰艇已损失殆尽。

1940年开始服役的"长治"号驱逐舰舰

1938年1月，海军部撤销，成立海军战时总司令部，陈绍宽任海军总司令，隶属于军事委员会。1939年初，战时海军总司令部迁往重庆，仅保留第一、第二舰队番号，海军所属其他单位撤销，临时组建海军炮队、海军雷队、海军特务队，在长江中、下游地区开展布雷游击战。11月，海军组建长江布雷游击总队，辖五个布雷游击大队。1942 年 11 月，又扩建为第一、第二、第三、第四布雷总队。布雷游击战，在阻滞日军沿江西进、破击日军水上交通发挥一定作用。

1945 年，抗日战争胜利后，国民党政府海军进行重建。8 月，仅余小型舰艇十五艘。9 月，成立军政部海军处；12 月，撤销海军总司令部，免去陈绍宽海军总司令职务；海军处扩编为海军署。1946 年 10 月，将海军署扩编为海军总司令部，由参谋总长陈诚兼任海军总司令，桂永清（陆军出身）任副总司令，代总司令，1948 年 8 月，桂永清升任海军总司令。

青岛海军军官学校校门

陈绍宽（1889～1969），字厚甫，福建闽县（今闽侯）人。

1905年，考入江南水师学堂驾驶班第六届学习，1908年毕业。历任"联鲸"炮舰二副兼教官、"镜清"练习舰大副、"肇和"练习舰大副、"应瑞"练习舰航海正、"湖鹏"鱼雷艇艇长。1914年，任海军总司令处副官。1915～1916年，任"肇和"练习舰、"海容"巡洋舰代理舰长，赴日、美考察海军。1917年，参加英国战列舰队和潜艇对德国作战，在格罗林战役中有战绩，英政府授予"特别劳绩勋章"。后又到法国、意大利考察海军。1919年，任中国驻伦敦公使馆海军武官。1920年，兼任巴黎和会中国代表团专门委员、国际海道会议中国代表。回国后，任"通济"练习舰舰长。1922年，任海军总司令公署参谋长。1923年，任"应瑞"练习舰舰长，晋海军少将。1926年，任第二舰队司令。1927年，率部加入国民革命军，参加北伐战争。1928年，任军政部海军署署长，晋海军中将。1929年，任海军部政务次长。1930年，任海军部代理部长，兼任江南造船所所长。1932年，任海军部长，晋海军上将。1935年，晋海军一级上将。抗日战争中，指挥海军长江阻塞作战和沿线防御作战。1938年，任海军总司令。1945年6月，任联合国宪章制宪会议中国代表团海军顾问；9月，为中国海军受降代表。1946年，去职回籍。1949年，拒绝蒋介石电召，通电拥护中国共产党。曾与中国共产党地下组织联系，参与策划部分国民党海军舰艇和人员起义。中华人民共和国成立后，历任华东军政委员会委员，福建省人民政府副主席、副省长，中国人民政治协商会议全国委员会委员、中华人民共和国国防委员会委员、中国国民党革命委员会中央副主席等职。

桂永清（1900～1954），字率真，江西贵溪人。1924年，考入黄埔军校第一期学习。1926年，参加北伐战争，历任营长、团长、旅长。1930年，被派往德国步兵学校学习。1932年，任复兴社中央干事会干事，所谓的"十三太保"之一。1935年，任陆军第78师师长。1937年，参加上海"八一三"抗战。1938年，任战时干部训练团教育长，于1939年该团转移至重庆綦江后，与军政部部长陈诚密谋策划镇压该团宣传抗日的青年学生，竟活埋二百余人，酿成"綦江惨案"。升任第27军军长。1940年，任中国驻德使馆武官。1946年9月，任国民党海军副总司令。

1948年"重庆"号巡洋舰经新加坡回国途中

在国民党政府海军重建期间，接受日军伪军舰船一千四百艘，分得日本降舰三十四艘，接受美、英援赠或出售舰船三百零一艘。甄选后，编入战斗序列的舰艇共二百七十五艘，总排水量约13万吨；海军官兵4万人。建制有：海防第一舰队、海防第二舰队、登陆舰队、江防舰队、运输舰队和炮艇队十个。划分四个海区，在上海、青岛、左营、榆林分别建立海军基地；将陆战队三个团扩编为两个陆战师。1945年12月，在美国海军顾问团帮助下，在青岛设立中央海军训练团，该团后来与上海海军军官学校合并组建青岛海军学校。

1946年，海军派遣舰艇编队收复南海海区的东沙、西沙、中沙、南沙等诸群岛，这些群岛，原属中国领土。

1946～1949年的解放战争期间，国民党政府海军参加作战。1949年2月12日，护航驱逐舰"黄安"号首先起义，此后，扫雷艇201号、巡洋舰、"重庆"号、海防第二舰队大部分舰艇、第一机动舰队、护航驱逐舰"长治"号、江防舰队等先后起义，至12月，共起义21起，舰艇九十七艘，官兵3800余人。沿海岛屿被中国人民解放军占领后，其余舰艇逃往台湾。

跋

纪麟思

　　《中国古代近代海军教育资料选辑》终于要面世了！我国历史
上关于海军的建立与发展史料匮乏，主要源于我们是一个爱好和
平，没有向外扩张思想的民族。但是不侵略不等于不会被侵略。所
以，著名海军军事史研究者、海军离休军官杨志本先生在这部著作
中写道："通过概述与研究中国古代海军（舟师、楼船军、水军、
水师）、中国近代海军（晚清海军、中华民国海军）教育发展的历
史过程，探讨、总结中国古代近代海军的历史经验，史论结合，以
史为鉴，鉴古知今，古为今用，借以提供指导中国海军建设的实践
与理论的途径。"

　　《史记》中有载牧野之战（公元前 1057 年，一说前 1027 年或
1066 年），其《太誓》之词中有"苍兕苍兕[1]！总尔众庶。与尔
舟楫，后至者斩"。这一记载充分证明在商周时期，军队已在应用

---

[1]　苍兕，传说中的水兽名，古代用于掌管舟楫的官或者借指水军。

舟楫作战，即水战。从整体来说，我国古代"海军"一直没有兵种之分，战时，以陆军上船操练以为水师；水师弃舟则为陆战之军。直至明朝时期，为抗击沿海倭寇袭扰，在各口岸设炮台建立专门的岸防陆军，备火炮舰船。后又中断几百年，至清晚期，清廷迫于列强从海上发起侵略，才正式设立了海军这一军种，但是其宗旨不过是为协助岸防陆军沿海岸线巡视和对外防御的需要而设，并无真正的"海军"观念。虽中国近代海军建设的思想启蒙者魏源[①]提出了"必使中国水师可以驶楼船于海外，可以战洋夷于海中"的海军战略思想，且这一战略思想的提出比美国著名军事家马汉[②]所提出的海军远洋战略思想早出半个世纪，但并未得到没有"海洋疆域权利"观念的清廷重视，使得魏源的设想未能得到实施。直至中华民国，对"海洋疆域权利"的观念未曾有所改观：蒋介石不以战舰在海上对敌运兵船寻机袭击，以歼灭日登陆兵力，却是消极地将舰艇视同顽石，自沉长江口内，企图以阻塞航道来阻止日军入侵而毫无作用。及至日本战败投降，民国政府也只是在一些岛屿上立碑为识，无视海疆，以至留下至今的南海问题。

纵观近代史上的中国，一直处于抵御侵略的窘境。这一切皆来源于海上，源于其他国家发展了强大的远洋海军，而我国被迫建立

---

① 魏源（1794年4月23日～1857年3月26日），思想家、史学家、政治家、文学家，中国近代首批"睁眼看世界"的知识分子代表，提出了"师夷长技以制夷"的主张，是我国海战思想的启蒙者。主要作品有《海国图志》《圣武记》《皇朝经世文编》等。

② 马汉，阿尔弗雷德·赛耶·马汉（美）（Alfred Thayer Mahan，1840年9月27日～1914年12月1日）。军事家。"海权"理论提出者。主要著述有《海权对历史的影响》，《海权对法国革命及帝国的影响，1793～1812》，《海权的影响与1812年战争的关系》，《海军战略》等。

起的海军又只局限于岸防和近海防御。海岸线，是一个非内陆国家的门户，而"有户无庭"，放弃近海海域的管辖权，放弃远海的使用权，没有海权观念，就没有正确的战略思想，这是近代战争中我国海军一败涂地的主因。

直至1949年4月，中国人民解放军海军在江苏省泰州白马庙乡成立，大部分海军指战员的思想依旧是"大陆军""沿海沿江"防御的旧观念，这是束缚我国海军发展的一个错误认识。新中国成立七十年，我国海军建设终于从艰难困苦中走出来，更多的海军指战员、更多海军军事研究专家清晰地认识到了海军战略思想的问题，"海军"理念也从"浅蓝"走向"深蓝"。

以史为鉴，未来中国海军的使命不可再重蹈覆辙。海军的使命是什么？

第一，保卫海洋国土。

陆地有陆军，领海同样要有海军的保卫。大海，是环抱着陆地的海洋国土。常说的九百六十万平方公里国土仅是指我国的陆地面积，我国领土面积应该是九百六十万平方公里陆地国土面积加上内海和沿海岛链以内的海洋面积才是准确的。无视海权，实同于自弃疆土！但是，没有强大的海上力量，没有远洋作战的能力，海权空悬，海洋国土的主权也便无从谈起。

第二，决胜大洋战略。

二战时期，如果我国有强大的海军力量和主动出击、建立大洋战场的战略思想，将侵略者的运兵船击毁于外海，那么可以想见，历史是会改写的，中华民族的百年屈辱史是不可能发生的！这就是大洋战略思想和大洋战略能力的重要性。

所谓"人不犯我我不犯人，人若犯我我必犯人"，要在敌犯我时我有能力"犯敌"，就必然要大力发展各军兵种的作战能力，其中必然包括海军的作战能力，包括远洋作战能力。我们不侵犯别人，但不等于自缚手足不进行积极防御和反攻。具备了大洋战略思想和大洋作战能力，就可以把战争阻隔在远离本土的远洋，建立大洋战场。即便不能全胜，也可以延长战略纵深，使战争对本土的破坏得到缓冲，或是远攻敌国本土，把战火在敌国的国土上点燃，以起攻敌之必保以制敌的作用。

第三，发展海洋经济。

对于任何一个国家而言，不仅是领海海权问题，还有海上专属经济区的管辖问题，更有公海的使用问题。公海是全世界人民的，自然也是中国人民的，我们有权利和义务维护并利用。为了渔业和海上航运的安全、为了海底资源的勘探和开发、为了文化交流与传播的需要，我们都必须向远洋发展，向全球发展。这就需要有足够的远洋作战和运输能力作为保障，没有足够的海军实力是不行的。

曾经，我国以强大的远洋运输能力铺就海上丝绸之路，给世界带去文明与祥和；曾经，我们以"不设防不抵抗"期翼不激怒嗜血的侵略者以换得平和安宁。但是，和平不能祈求，要捍卫国家主权，维护世界和平，要"不战而屈人之兵"，就要有强大的海军威慑力做支撑。这才是我们今天要重视中国古代近代海军史教育的主要目的。

2019 年 5 月